A PROTEÇÃO PREVIDENCIÁRIA PREVISTA NO ACORDO DO MERCOSUL

VÂNIA MASSAMBANI

Advogada, especialista em Direito do Trabalho e Previdenciário, Mestre em Ciências Socias pela Universidade Estadual de Ponta Grossa, professora universitária e de pós graduação. Consultora jurídica empresarial nas áreas trabalhistas e previdenciária. Autora de obras jurídicas.

A PROTEÇÃO PREVIDENCIÁRIA PREVISTA NO ACORDO DO MERCOSUL

EDITORA LTDA.

© Todos os direitos reservados

Rua Jaguaribe, 571
CEP 01224-001
São Paulo, SP — Brasil
Fone (11) 2167-1101
www.ltr.com.br

Produção Gráfica e Editoração Eletrônica: RLUX
Projeto de capa: FÁBIO GIGLIO
Impressão: PSP

LTr 4867.6
Novembro, 2013

Dados Internacionais de Catalogação na Publicação (CIP)
(Câmara Brasileira do Livro, SP, Brasil)

    Massambani, Vânia
        A proteção previdenciária prevista no Acordo do Mercosul / Vânia Massambani. — São Paulo : LTr, 2013.

        Bibliografia.
        ISBN 978-85-361-2699-9

        1. Acordo Multilateral de Seguridade Social 2. Mercosul 3. Previdência social 4. Seguridade social I. Título.

13-08950   CDU-341.217:368.4

Índice para catálogo sistemático:

    1. Acordo Multilateral de Seguridade Social do Mercosul : Proteção previdenciária dos trabalhadores : Direito internacional 341.217:368.4

Aos professores Marco Antônio César Villatore e Lenir Mainardes da Silva, pela colaboração tão valiosa na conclusão deste trabalho.

À minha orientadora Lúcia Cortes da Costa, pela disposição, atenção e rigor no acompanhamento e construção da obra.

Aos meus pais e irmãos, que são meus principais presentes e fontes de estímulos para continuar sempre lutando.

E a sempre minha querida amiga e fonte de inspiração para busca do conhecimento, Cláudia Salles Villela Vianna.

A todos meu muito obrigada.

SUMÁRIO

LISTA DE SIGLAS 9

INTRODUÇÃO 13

CAPÍTULO 1
A REGIONALIZAÇÃO E SEUS IMPASSES

1.1. A regionalização como um processo político 17

1.2. A construção do Mercosul 20

    1.2.1. Fases da integração 20

    1.2.2. Antecedentes históricos 22

    1.2.3. Personalidade jurídica e arranjos institucionais 24

1.3. Assimetrias no bloco regional 26

    Figura 1 — Quadro demonstrativo de algumas assimetrias no bloco 27

    1.3.1. Movimentação de mão de obra — circulação de pessoas 28

        Tabela 1 — Demonstrativo das autorizações de trabalhos concedidas a pessoas dos Estados-Partes do MERCOSUL 30

    1.3.2. Diferentes regimes previdenciários dos países integrantes do Mercosul.... 33

        Tabela 2 — Resumo da análise dos sistemas previdenciários dos países integrantes do MERCOSUL 42

CAPÍTULO 2
O ACORDO MULTILATERAL DE SEGURIDADE SOCIAL DO MERCOSUL

2.1. Acordos internacionais — conceito e finalidade 44

2.2. Organismos internacionais de seguridade social 47

2.3. Países com os quais o Brasil mantém acordo de seguridade social 50

    Tabela 3 — Quantidade de benefícios concedidos no âmbito dos acordos internacionais de Previdência Social 51

2.4. O acordo multilateral de seguridade social do Mercosul 52

    2.4.1. Benefícios previdenciários cobertos pelo Acordo Multilateral 55

CAPÍTULO 3
NORMAS OPERACIONAIS PARA SEGURIDADE SOCIAL NO MERCOSUL

3.1. Regulamento administrativo do acordo multilateral de seguridade social do Mercosul 60

3.2. Mecanismo de ligação e o processamento das informações sobre os segurados 61

    Quadro 1 — Organismos de Ligação no Brasil para acordos com outros países .. 63

3.3. Normas para solicitação dos benefícios pelo acordo multilateral de seguridade social do Mercosul 65

    3.3.1. O perfil do INSS na operacionalização do acordo multilateral de seguridade social 69

    3.3.2. Deslocamento temporário — formulários 70

    3.3.3. Totalização de períodos de tempo de contribuição 72

CONCLUSÃO 75

REFERÊNCIAS 77

ANEXOS 87

LISTA DE SIGLAS

ALADI	— Associação Latino-Americana de Integração
ALALC	— Associação Latino-Americana de Livre Comércio
ALCA	— Área de Livre Comércio das Américas
AISS	— Associação Internacional de Seguridade Social
BENELUX	— União Econômica formada pela Bélgica, Países Baixos e Luxemburgo
BID	— Banco Interamericano de Desenvolvimento
CAJAI	— Cooperação no Âmbito da Justiça e dos Assuntos Internos
CISS	— Conferência Interamericana de Seguridade Social
CCSCS	— Coordenadoria das Centrais Sindicais do Cone Sul
CE	— Comunidade Europeia
CECA	— Comunidade Europeia do Carvão e do Aço
CEE	— Comunidade Econômica Europeia
CEEA	— Comunidade Econômica de Energia Atômica
CEPAL	— Comissão Econômica das Nações Unidas para a América Latina e Caribe
CES	— Comitê Econômico e Social
CMC	— Conselho do Mercado Comum
DAT	— Data do Afastamento do Trabalho
DCB	— Data da Cessação do Benefício
DDB	— Data do Despacho do Benefício
DER	— Data da Entrada do Requerimento
DIB	— Data do Início do Benefício
DIC	— Data do Início das Contribuições

DID	— Data do Início da Doença
DII	— Data do Início da Incapacidade
DIP	— Data do Início do Pagamento
EFTA	— Associação Europeia de Livre Comércio
EUA	— Estados Unidos da América
EURES	— Rede Europeia de Serviços
FCES	— Foro Consultivo Econômico e Social
FSE	— Fundo Social Europeu
FOCEM	— Fundo para a Convergência Estrutural e Fortalecimento Institucional do MERCOSUL
GATT	— Acordo Geral de Tarifas e Comércio
GMC	— Grupo Mercado Comum
INTAL	— Instituto para a Integração da América Latina
IPEA	— Instituto de Pesquisas Econômicas Avançadas
MERCOSUL	— Mercado Comum do Sul
NAFTA	— Acordo Norte-Americano de Livre Comércio
OAB	— Ordem dos Advogados do Brasil
OEA	— Organização dos Estados Americanos
OISS	— Organização Ibero-americana de Seguridade Social
OIT	— Organização Internacional do Trabalho
ONU	— Organização das Nações Unidas
Pacto do ABC	— Pacto do Brasil, Argentina e Chile
PESC	— Política de Exterior e Segurança Comum
PIB	— Produto Interno Bruto
PICE	— Programa de Integração e Cooperação Econômica entre Brasil e Argentina
POP	— Protocolo de Ouro Preto
RGPS	— Regime Geral de Previdência Social
RPPS	— Regime Próprio de Previdência Social

SIACI	— Sistema de Acordos Internacionais
SUSS	— Sistema Único de Seguridade Social
SGT	— Subgrupo de Trabalho
TAUE	— Tratado do Ato Único Europeu
TCE	— Tratado da Comunidade Europeia
TCEE	— Tratado da Comunidade Econômica Europeia
TEC	— Tarifa Externa Comum
TJCE	— Tribunal de Justiça das Comunidades Europeias
TUE	— Tratado da União Europeia
UE	— União Europeia
ZLC	— Zona de Livre Comércio

INTRODUÇÃO

Com o desenvolvimento da sociedade internacional e a intensificação das relações entre os Estados, os tratados e Acordos se converteram na fonte principal do direito internacional, e assumem atualmente a função similar à que é exercida pela legislação interna dos Estados, pois regula as relações legais mais diversas entre países e organizações internacionais, nos campos mais variados do conhecimento humano.

O fenômeno da globalização econômica e o surgimento de sistemas regionais de integração fizeram crescer de forma acentuada o fluxo migratório de mão de obra para os mais diversos países em busca de boas oportunidades profissionais e de melhores condições de vida. O Brasil conta com grande quantidade de cidadãos que não habitam e não exercem suas atividades laborais em seu território nacional, da mesma forma que recebe muitos trabalhadores provenientes de outros países.

Todo este movimento traz como consequência o fato de que muitos migrantes, ao contribuírem para sistemas previdenciários de diversos países, eventualmente não completem os requisitos para conseguir sua aposentadoria ou para obter outros benefícios, contando-se somente o tempo de contribuição de um dos países nos quais habitou.

Na esfera da seguridade social, há que se destacar o Convênio 118 da Organização Internacional do Trabalho (OIT) sobre igualdade de tratamento entre nacionais e estrangeiros, o qual foi aprovado pelo Brasil em 24 de agosto de 1968. No art. 7º do Convênio, estabelece-se que os países signatários terão de se esforçar para participar de um sistema de aquisição e reconhecimento de direitos de segurança social. Este sistema deve principalmente prever a totalização dos períodos de trabalho para a contabilização previdenciária, de trabalho ou residência, os de aquisição, manutenção ou recuperação de direitos, bem como para o cálculo das aposentadorias.

Desta forma, é indispensável pôr em prática políticas públicas para a consecução de tais direitos.

No presente trabalho, apresenta-se um estudo sobre o Acordo Multilateral de Seguridade Social no MERCOSUL em virtude da livre circulação de trabalhadores no bloco, através do desenvolvimento de sua dimensão social e a internacionalização dos sistemas de previdência social, que passam a ter um papel muito importante para viabilização de todo esse processo. O objeto problematizado foi a proteção previdenciária prevista no Acordo Multilateral de Seguridade Social do MERCOSUL; qual a garantia em relação à manutenção da renda para os trabalhadores que, durante sua vida de trabalho, se vinculem a mais de um sistema previdenciário dentro do bloco regional.

Para desenvolver os objetivos propostos, a metodologia utilizada foi qualitativa, documental, bibliográfica e baseada em decisões judiciais. O texto foi dividido em três capítulos: o primeiro capítulo traz as informações referentes à integração regional e seus impasses, como a construção do MERCOSUL e assimetrias no bloco regional, retratando também o quão difícil foi o processo de integração ocorrido especialmente entre os países que hoje compõem o MERCOSUL. Neste capítulo, a investigação parte da análise do Tratado de Assunção, documento marco na constituição do MERCOSUL, abordando-se as fases de integração econômica para o Mercado Comum do Sul, quais sejam a zona de livre comércio, união aduaneira e mercado comum.

O segundo capítulo apresenta o processo de celebração de acordos internacionais que tratam de matéria previdenciária como um fruto do fenômeno da globalização e do aumento do fluxo migratório. Observa-se que acordos internacionais são instrumentos que expressam a vontade dos países, em texto escrito, com o objetivo de originar efeitos jurídicos na área internacional, onde constam os direitos e as obrigações recíprocas. Diante disso, foi assinado o Acordo Multilateral de Seguridade Social do MERCOSUL, no dia 15 de dezembro de 1997, que entrou em vigor em 2005, sendo regulamentado pelo Brasil a partir do Decreto n. 5.722, de 13 de março de 2006.

A importância social deste capítulo desponta a partir do momento que o trabalhador dificilmente tem a possibilidade de optar por um tipo de vínculo, tendo apenas a preocupação de obter e manter um emprego. Normalmente, ele só vai atentar para o problema de como manter sua renda na inatividade na hora de se aposentar, momento em que não sabe como proceder e nem a quem recorrer, principalmente se transitou por países com diferentes sistemas previdenciários.

A partir daí, faz-se uma análise dos Acordos Bilaterais de Previdência Social realizados pelo Brasil, especialmente com a análise do Acordo Multilateral de Seguridade Social no MERCOSUL.

A partir do terceiro capítulo, analisa-se a área previdenciária dentro dos objetivos inicialmente aspirados por Brasil, Argentina, Paraguai, Uruguai, a partir das normas operacionais para eficácia do Acordo Multilateral de Previdência Social, com a análise criteriosa do Regulamento Administrativo do Acordo, da eficiência dos órgãos de ligação e os processamentos de informações sobre os trabalhadores cobertos pelo Acordo, além da forma de solicitação de benefícios, a totalização dos períodos de tempo de contribuição e as normas operacionais voltadas às empresas e aos trabalhadores no deslocamento temporário de trabalho nos países pertencentes ao bloco.

Para a efetiva realização deste trabalho, utiliza-se o método indutivo e as técnicas de pesquisa histórica, documental e bibliográfica. Por meio da primeira, construiu-se grande parte dos três primeiros capítulos. Com a pesquisa documental e bibliográfica, foram analisados os diversos tratados, protocolos e demais documentos referidos neste estudo.

CAPÍTULO 1
A REGIONALIZAÇÃO E SEUS IMPASSES

1.1. A REGIONALIZAÇÃO COMO UM PROCESSO POLÍTICO

O Mercado Comum do Sul — MERCOSUL — foi criado com a assinatura do Tratado de Assunção, em 26 de março de 1991. O MERCOSUL desenvolveu-se por fases de integração e atualmente é uma União Aduaneira, e seu objetivo é evoluir à condição de Mercado Comum. Muito embora o Tratado de Assunção seja um acordo internacional de cunho marcadamente econômico, sua assinatura significou um projeto estratégico regional em que os alicerces que enquadram as relações entre os Estados-Partes representa, acima de tudo, um acordo político.

O MERCOSUL é um fator de estabilidade na região, pois gera uma trama de interesses e relações que torna mais profundas as ligações entre os países, tanto econômicas quanto políticas.

Os responsáveis políticos, as burocracias estatais, os trabalhadores e os empresários têm no MERCOSUL um âmbito de discussão, de múltiplas e complexas facetas, em que podem ser abordados assuntos de interesse comum.[1]

De acordo com More, a regionalização pode ser compreendida como segue:

> Regionalização pode ser definida, numa ótica econômica, como o conjunto de medidas tomadas pelo Estado para aumentar, ou diminuir, os obstáculos às trocas, aos investimentos, aos fluxos de capitais e aos movimentos de fatores entre os grupos de países envolvidos. Numa perspectiva jurídica, é o fenômeno resultante da composição dos interesses econômicos, através de acordos internacionais, que visam delimitar e fixar positivamente os objetivos e os meios de realização destes interesses.[2]

Para Praxedes e Piletti[3], regionalização e globalização são dois processos simultâneos que estão ocorrendo no mundo atual. Enquanto a globalização consiste

---
(1) Sobre o MERCOSUL. Disponível em: <http://www.mercosur.org.uy>. Acesso em: 10/03/2010.
(2) MORE, Rodrigo Fernandes. Integração econômica Internacional. *Jus Navigandi*, Teresina, ano 6, n. 59, outubro 2002. Disponível em: <http://jus.uol.com.br/revista/texto/3307/integracao-economica-internacional>. Acesso em: 24.10.2010.
(3) PRAXEDES, Walter; PILETTI, Nelson. *O mercosul e a sociedade global*. 8. ed. São Paulo: Ática, 1997. p. 58.

no processo de dissolução das fronteiras entre os países, para facilitar a atuação das empresas transnacionais, a regionalização consiste na formação de blocos regionais, para defender as empresas já instaladas na região contra a concorrência de empresas de outras regiões ou países.

Apesar de estes dois movimentos interagirem, não deixam de ser contraditórios, já que a globalização aposta na livre circulação em nível mundial, enquanto a regionalização une países para fortalecer, geralmente com práticas protecionistas, quando se trata de comércio exterior[4].

De acordo com Kol[5], citado por More[6], observa-se que existem pelo menos três modalidades de regionalismo em relação ao desenvolvimento do comércio mundial: formação de blocos, regionalismo e polarização.

A *formação de blocos* refere-se a uma relativa concentração do comércio internacional entre países membros de um acordo formal de livre comércio ou outro acordo formal de integração econômica. O *Regionalismo,* que expressa vontade política dos Estados, refere-se a uma relativa concentração de comércio internacional entre países que são parte de um grupo de Estados, com predominância do elemento de proximidade geográfica.

Nesta perspectiva, a regionalização é um fenômeno natural, diretamente ligado ao fator proximidade geográfica, tal como ocorre entre zonas fronteiriças. E, finalmente, a *polarização* apresenta-se como um caso especial de regionalismo entre países em diferentes estágios de desenvolvimento. É uma relativa concentração de comércio internacional de um grupo de Estados em desenvolvimento com um grupo de Estados industrializados em proximidade geográfica.

Percebe-se desta classificação de Kol que o termo "regionalização" é distinto do termo "regionalismo". Para a proposta de Kol, o fenômeno de regionalização explica movimentos naturais da economia que ao longo do tempo foram a própria razão do aprofundamento e alargamento dos processos de integração, por meio de acordos formais, seja para formação de áreas de livre comércio bilaterais ou de própria formação de blocos econômicos.

No mesmo sentido, Ana Maria Stuart entende regionalismo como construção de uma nova dimensão política, econômica e social, na qual se processa a transformação do Estado-nação, em especial de seus atributos de autonomia e

---

(4) PEREIRA, José Adriano. *Mercosul em Movimento II.* In: *Liberalismo econômico e processo de integração na América Latina.* Porto Alegre: Livraria do Advogado, 1999. p. 100.
(5) Estudioso da Integração Econômica Internacional na Universidade Erasmus de Rotterdan.
(6) KOL, Jacob. Regionalization, Polarization and Blocformation in the World Economy, *Revista Integração e especialização,* Faculdade de Direito da Universidade de Coimbra, Coimbra. 1996, p. 17 (*Apud* MORE, Rodrigo Fernandes. Integração econômica Internacional. *Jus Navigandi, op. cit.*)

soberania, e regionalização é a integração com base crescente de interdependência econômica e na resolução dos problemas colocados pelos mercados.[7]

Soares aponta que a constituição de um mercado comum afina as relações comerciais, políticas, científicas, acadêmicas, culturais, e tem como, dentre outras, as seguintes vantagens:

> — maior variedade de bens finais à disposição dos consumidores, o que representa um incremento em seu bem estar; maior concorrência que implica, entre outras coisas, maior qualidade dos bens e serviços oferecidos, menores preços e uma atribuição de recursos mais eficiente, uma importante economia de recursos que inicialmente se destinam às repartições aduaneiras;
>
> — melhor atribuição de recursos;
>
> — redução dos custos de transporte e comunicação pela integração física dos Estados-Partes que contempla o MERCOSUL.[8]

Ocorre que o processo de integração não pode se resumir a uma integração com conotação apenas econômica, pois, para dar certo a economia, há envolvimento de trabalhadores e, portanto, o processo de integração deve viabilizar uma integração em todos os seus aspectos: econômico, político, e também e tão importante o aspecto social. Neste sentido, ainda comenta Soares[9] que a participação dos Estados é decisiva para a integração dos blocos econômicos visando ao processo político para a criação do mercado dentro de parâmetros democráticos.

As relações políticas internacionais e a formação dos blocos econômicos vêm a ser uma estratégia organizada pelos Estados. O MERCOSUL constitui-se como um bloco intergovernamental, que resulta de decisão política dos governos dos Estados-Partes na busca pela integração regional.[10]

Estudando a formação e o desenvolvimento do MERCOSUL, nota-se que, para que uma integração ocorra, é necessária vontade política nas questões de desenvolvimento social, promoção de intercâmbio cultural e laboral, preocupação quanto às questões de direitos humanos, seguridade social, entre outras.

---

(7) STUART, Ana Maria. A construção de um novo regionalismo. In: MENDES, Jussara. Maria Rosa et al. (Orgs.). Mercosul em múltiplas perspectivas: fronteiras, direitos e proteção social. Porto Alegre: EDIPUCRS, 2007, p. 107.
(8) SOARES, Mário Lúcio Quintão. MERCOSUL: direitos humanos, globalização e soberania. Belo Horizonte: Del Rey, 1997, p. 86.
(9) Ibid.
(10) COSTA, Lucia Cortes da. Políticas sociais no MERCOSUL: desafios para uma integração regional com redução das desigualdades sociais. In: COSTA, Lucia Cortes da (Org.). Estado e democracia: Pluralidade de questões. Ponta Grossa: Ed. UEPG, 2008, p. 139.

1.2. A CONSTRUÇÃO DO MERCOSUL

1.2.1. Fases da Integração

No dia 30 de novembro de 1985, Argentina e Brasil inauguram um novo esquema de integração, mediante a Declaração de Iguaçu, com a qual inicia uma comissão mista, de alto nível, integrada por representantes dos governos e instituições empresariais, cujos trabalhos deram lugar à assinatura da Ata para integração argentino-brasileira de 29 de julho de 1986. A Ata estabeleceu um programa de Integração e Cooperação econômica entre as duas repúblicas. Segundo Jaeger Junior[11], "nascia nesse momento o embrião do bloco regional do Cone Sul".

Em 1988, é assinado o Tratado de Integração, Cooperação e Desenvolvimento entre Brasil e Argentina, que se deve ao fato de buscar um espaço econômico comum a ser concretizado, na eliminação de todas as restrições tarifárias e não-tarifárias ao comércio de bens e serviços. A inflação que açoitou ambos os países em 1989 e 1990 e o fracasso de seus respectivos planos econômicos — austral e cruzado — desembocaram em que, uma vez mais, as políticas comerciais voltassem a ser restritivas, estancando-se os avanços da integração regional.[12]

Com as mudanças de governo que se produziram e novos enfoques político-econômicos com objetivos similares, entre os que cabiam a desregulação e abertura de suas economias, o processo se revitalizou, assinando-se a ata de Buenos Aires em julho de 1990, que decide estabelecer um mercado comum entre os dois países.

Outro passo a mais foi a assinatura do Acordo de Complementação Econômica número 14, que reúne num único corpo todos os acordos vigentes antes celebrados entre Brasil e Argentina; adota o programa de rebaixas alfandegárias gerais, lineares e automáticas previsto, e adota uma série de outras medidas complementares recolhidas depois no Tratado de Assunção, do qual o Acordo Argentina-Brasil é claro procedente imediato[13].

O Tratado de Assunção, de 26 de março de 1991, aproveita todos os embasamentos estabelecidos no Acordo Argentina-Brasil, somando-se aos propósitos de estabelecer um Mercado Comum do Sul, Paraguai e Uruguai, em igualdade de direitos e de obrigações. A integração regional apresenta-se sob diferentes fases,

---

(11) JAEGER JUNIOR, Augusto. *Mercosul e a livre circulação de pessoas*. Dissertação (Mestrado em Direito) — Universidade Federal de Santa Catarina, Florianópolis, 1999. Disponível em: <www.buscalegis.ufsc.br/.../mercosul%20e%20a%20livrelação>. Acesso em: 20.09.2010, p. 30.
(12) KUME, Honório; PIANI, Guida. Mercosul: o dilema entre união aduaneira e área de livre-comércio. *Revista Economia Política*, São Paulo, v. 25, n. 4., Oct./Dec., 2005.
(13) Informação extraída do *site*: <http://www.receita.fazenda.gov.br/legislacao/acordosinternacionais/AcordosComplEconomica/Default.htm>. Acesso em: 10.02.2011.

como: a zona de livre comércio, união aduaneira, mercado comum, união econômica e monetária e integração econômica total.

Inicialmente, no processo de integração, há a fase de Zona de Livre Comércio. De acordo com Jaeger Junior[14], a "zona de livre comércio é a eliminação, através de um acordo, dos obstáculos tarifários e não tarifários às exportações e importações comerciais dos produtos originários dos estados-membros integrantes desta livre zona". Conforme o art. 1º do Tratado de Assunção (1991), "A livre circulação de bens, serviços e fatores produtivos entre os países, através, entre outros, da eliminação dos direitos alfandegários e restrições não tarifárias à circulação de mercadorias e de qualquer outra medida de efeito equivalente".

Em seguida, há a fase da União Aduaneira, em que os Estados-Partes, ao reconhecerem as assimetrias entre as economias nacionais, adotam uma tarifa externa comum (TEC), em que ocorre a abolição das tarifas alfandegárias nas relações comerciais no interior do bloco econômico, que é aplicada aos países fora da união[15].

A fase posterior se dá pela caracterização de Mercado Comum, que, além da liberalização comercial, estabelece a circulação de pessoas, serviços e capitais com liberdade fundamental sem barreiras para entrada ou saída dos cidadãos dos Estados-Partes. Conforme Jaeger Junior[16] é necessária, nesta fase, à adoção de procedimentos quanto à

> [...] harmonização das questões trabalhistas e previdenciárias, incluindo a assistência social. Para os Estados-Partes recebedores desse contingente de pessoas, serão necessárias as garantias de manutenção da ordem, da saúde e da segurança pública.

Essas liberdades é que permitirão a consolidação da integração plena entre os parceiros estatais envolvidos. Neste mesmo contexto, Costa[17] afirma que é preciso que se estabeleçam a harmonização da legislação em diferentes áreas, entre as quais a legislação trabalhista e a regulamentação profissional, e criar mecanismos efetivos de aplicação de direitos sociais, os direitos trabalhistas e previdenciários e também a equivalência nos diferentes níveis de ensino, como um caráter mais homogêneo de serviços educacionais.

Ainda existe a fase da União Econômica e Monetária, que ocorre quando o mercado comum é combinado com a adoção de política monetária e moeda

---

(14) JAEGER JUNIOR, Augusto. *Mercosul e a livre circulação de pessoas. Op. cit.*, p. 38.
(15) *Ibid.*
(16) JAEGER JUNIOR, Augusto. *Mercosul e a livre circulação de pessoas. Op. cit.*, p. 357.
(17) COSTA, Lucia Cortes da. Integração regional e proteção social no contexto do Mercosul. In: MENDES, Jussara Maria Rosa *et al.* (Org.). *MERCOSUL em múltiplas perspectivas:* fronteiras, direitos e proteção social. Porto Alegre: EDIPUCRS, 2007. p 33.

única. Esta fase é caracterizada pela supressão de restrições sobre movimentos de mercadorias, combinada com a harmonização das políticas econômicas nacionais, tornando-as o mais semelhante possível[18]. E, por fim, a fase de Integração Econômica Total, momento em que se passa a adotar uma política monetária, fiscal e social, para a unificação de políticas de segurança, interior e exterior, sendo a fase mais profunda da integração.[19]

1.2.2. Antecedentes Históricos

Apesar de jovem, o MERCOSUL é o resultado de um processo lento de amadurecimento histórico que, ao longo do tempo, levou seus Estados-Partes a substituir o conceito de conflito pelo ideal de integração.[20] Tal integração internacional de cunho significativamente econômico significou também a coroação de um projeto estratégico regional de natureza política.

Na década de 1980, o avanço das ideias liberais, a democratização dos governos de vários países por sendas constitucionais e o progressivo desaparecimento dos governos militares geraram modificações importantes na economia; perderam terreno as políticas de autoabastecimento e aumento do comércio sub-regional e introduziu-se, em seu lugar, a ideia de complementação e globalização das mesmas para otimizar a eficiência no uso dos fatores e competir melhor no comércio mundial.

Com a globalização e as expectativas no enfrentamento da nova realidade econômica mundializada, o Brasil, a Argentina, o Paraguai e o Uruguai estabeleceram um pacto de se construírem em um bloco econômico regional integrado por Estados da América do Sul, formando o MERCOSUL.

O MERCOSUL tem como fonte inspiradora algumas normas de instituição do Tratado de Montevidéu de 1960, criador da ALALC[21]; do Tratado de ROMA[22]; do Tratado de Montevidéu de 1980, criador da ALADI[23]; e da Convenção do BENELUX[24].

---

(18) JAEGER JUNIOR, *Op. cit.*, p. 39.
(19) GOIN, Mariléia. *O processo contraditório da educação no contexto do MERCOSUL:* uma análise a partir dos Planos Educacionais. 2008. Dissertação (Mestrado em Serviço Social) — Universidade Federal de Santa Catarina, Florianópolis, 2008. p. 45.
(20) Fonte extraída do *site*: <http://www.classificadosmercosul.com.br/mercosul_info/mercosul01.htm>. Acesso em: 29.02.2011.
(21) A Associação Latino-Americana de Livre Comércio (ALALC) foi criada em fevereiro de 1960 e seu Tratado encontra-se subscrito por Brasil, Argentina, Chile, Uruguai, México, Paraguai e Peru, e, posteriormente, por Colômbia, Equador e Venezuela, tendo por sede a cidade de Montevidéu (Uruguai).
(22) O Tratado de Roma, assinado em 25 de março de 1957, influenciou na forma e nos propósitos estabelecidos na formação do MERCOSUL.
(23) A Associação Latino-Americana de Integração (ALADI) foi constituída em substituição à ALALC, subscrita pelos países membros dessa integração, em 12 de agosto de 1980, tendo por sede a cidade de Montevidéu (Uruguai).
(24) A Convenção do BENELUX foi firmada em Londres, em 5 de setembro de 1944, e ampliada pelo Protocolo da Haia, de 14 de março de 1947, entre os Estados da Bélgica, Luxemburgo e os Países Baixos, os quais pretendiam atingir a etapa de uma integração de união econômica.

No Brasil, a Constituição Federal de 1988, em seu art. 4º, parágrafo único, ao relacionar os princípios que devem nortear as relações internacionais, deixa clara a intenção de buscar fortalecer a integração dos povos na América Latina, com o intuito de formar uma comunidade latino-americana de nações. No entanto, deixou omisso qual o modelo de integração a ser adotado, ficando, assim, como uma mera aspiração política do país em formar uma comunidade regional.

A efetivação do MERCOSUL se deu pela assinatura do Tratado de Assunção, em 26 de março de 1991, pelas Repúblicas da Argentina, do Brasil, do Paraguai e do Uruguai, como uma estratégia defensiva da América Latina frente aos países desenvolvidos, objetivando o fortalecimento de sua economia como mecanismo de defesa frente ao projeto da ALCA[25], dando a estes países um melhor posicionamento no cenário mundial.

Pelo consenso entre os Estados-Partes, o MERCOSUL busca adesão de novos membros com o objetivo de fortalecer o processo de integração regional e intensificar as relações com os países membros da ALADI — Associação Latino-Americana de Integração. Os Estados associados do MERCOSUL têm como países participantes Bolívia, Chile, Peru, Colômbia e Equador.

Bolívia, Equador, Colômbia e Peru integram a Comunidade Andina (CAN), bloco com que o MERCOSUL também firmará um acordo comercial.[26] O status de membro associado se estabelece por acordos bilaterais, denominados *Acordos de Complementação Econômica*, firmados entre o MERCOSUL e cada país associado. Em processo de inclusão como membro efetivo do bloco está a Venezuela, mas, para que um país integre o bloco como membro efetivo, é necessário que todos os Estados-Partes ratifiquem de maneira unânime a entrada deste no bloco.

A Venezuela ratificou o protocolo de entrada em 4 de julho de 2006. Em 2005, na XXIX Conferência do MERCOSUL, em Montevidéu, outorgou-se em *status* de *Estado membro em processo de adesão*, que na prática significa que tinha voz, mas não voto[27]. Para a efetivação da Venezuela no Bloco, só falta a aprovação do Paraguai, pois o Brasil, a Argentina e o Uruguai já aprovaram o protocolo de adesão[28].

---

(25) ALCA — Área de Livre Comércio das Américas. As origens da ALCA remontam ao ano de 1990, quando o então presidente George Bush lança a "Iniciativa para as Américas", uma proposta de liberalização do comércio hemisférico e de eliminação das restrições para os investimentos das megaempresas norte-americanas, que criaria um espaço privilegiado de ampliação das fronteiras econômicas dos Estados Unidos. A ALCA é também uma iniciativa que procura consolidar uma zona monetária para o dólar e contrabalançar o impacto da formação de outros grandes blocos regionais na Europa e na Ásia. (Ver: MERCADANTE, A.; TAVARES, M. da C. A ALCA interessa ao Brasil? *Jornal dos Economistas*, Rio de Janeiro, CORECON-RJ, n. 143, abr./maio, 2001).
(26) Fonte extraída do *site*: <http://estudeonline.net/revisao_detalhe.aspx?cod=461.> Acesso em: 29.03.2011.
(27) *Ibid*.
(28) Conforme Folha Online (2009), o Paraguai não aprovou a entrada da Venezuela por analisar que o Presidente Hugo Chávez coloca em risco a democracia do bloco, que se constitui como prin-

1.2.3. Personalidade Jurídica e Arranjos Institucionais

O Tratado do MERCOSUL objetiva a integração dos países, no sentido da expansão do mercado interno, da ampliação dos meios de produção, da circulação de riquezas. Com isso, pretende o transbordamento das perspectivas de crescimento, que deve ocorrer em harmonia, por meio das competições empresariais, elevando o nível de emprego, propiciando a melhoria das condições de vida e o desenvolvimento social dos povos.[29]

Em 1991, o Tratado de Assunção estabeleceu apenas uma estrutura institucional provisória, que não conferia personalidade jurídica ao MERCOSUL, uma vez que seus órgãos eram totalmente dependentes dos Estados-Partes. Assim, em decorrência das intensas negociações, os países membros decidiram, a partir da entrada em vigor do Protocolo de Ouro Preto, assinado em dezembro de 1994, atribuir ao MERCOSUL personalidade jurídica de direito público internacional, conforme o previsto nos arts. 34 e 35 do referido protocolo[30].

Portanto, o MERCOSUL dispõe de personalidade jurídica de direito internacional desde a assinatura do Protocolo de Ouro Preto (art. 34). A titularidade da personalidade jurídica do MERCOSUL é exercida pelo Conselho do Mercado Comum (art. 8º, III). O Grupo Mercado Comum pode negociar, por delegação expressa do Conselho do Mercado Comum, acordos em nome do MERCOSUL com países terceiros, grupos de países e organismos internacionais (art. 14, VII).

Suas principais fontes jurídicas são o Tratado de Assunção e instrumentos adicionais ou complementares; as Decisões do Conselho do Mercado Comum, as Resoluções do Grupo Mercado Comum e as Diretrizes da Comissão de Comércio[31].

O Protocolo de Ouro Preto definiu a estrutura do MERCOSUL da seguinte forma:

a) Conselho do Mercado Comum (CMC): é o órgão máximo do MERCOSUL, ao qual cabe a condução política do processo de integração e pela tomada de decisões para garantir o cumprimento dos objetivos e prazos estabele-

---

cípio inerente para o fortalecimento do processo de integração regional, conforme Protocolo de Ushuaia, de julho de 1998. Disponível em: <http://wwww1.folha.uol.com.br/folha/brasil/ult96u666908.shtml>. Acesso em: 20.09.2010.
(29) MAGALHAES, Maria Lúcia Cardoso de. *A harmonização dos Direitos Sociais e o MERCOSUL.* Belo Horizonte: Editora Revista dos Tribunais, 2000, p. 59.
(30) Art. 34 do Protocolo de Ouro Preto: "O Mercosul terá personalidade jurídica internacional". Art. 35: "O Mercosul, poderá, no uso de suas atribuições, praticar todos os atos necessários à realização de seus objetivos, em especial, contratar, adquirir ou alienar bens móveis e imóveis, comparecer em juízo, conservar fundos e fazer transferências".
(31) Fonte extraída da Secretaria de Estado da Indústria, do Comércio e Assuntos do Mercosul — SEIM. Disponível em: <http://www.seim.pr.gov.br/modules/conteudo/conteudo.php?conteudo=32>. Acesso em: 10.07.2010.

cidos pelo "Tratado de Assunção". O CMC é formado pelos Ministros das Relações Exteriores e da Economia dos países membros;

b) Grupo Mercado Comum (GMC): é o órgão executivo do MERCOSUL, coordenado pelos Ministérios de Relações Exteriores de cada país; é o principal órgão de implementação dos objetivos do MERCOSUL e de supervisão de seu funcionamento, examinando as questões em nível mais profundo que o Conselho. O Grupo Mercado Comum é assessorado, em suas atividades, por Subgrupos de Trabalho, Reuniões Especializadas e Grupos "Ad Hoc", cada um desses foros auxiliares trata de temas específicos:

Subgrupos de Trabalho (SGT): SGT 01 — Comunicações; SGT 02 — Aspectos Institucionais; SGT 03 — Regulamentos Técnicos; SGT 04 — Assuntos Financeiros; SGT 05 — Transportes; SGT 06 — Meio Ambiente; SGT 07 — Indústria; SGT 08 — Agricultura; SGT 09 — Energia e Mineração; SGT 10 — Assuntos Trabalhistas; Emprego e Seguridade Social; SGT 11 — Saúde; SGT 12 — Investimentos; SGT 13 — Comércio Eletrônico; SGT 14 — Acompanhamento da Conjuntura Econômica e Comercial.

Reuniões Especializadas: Ciência e Tecnologia, Cooperativas, Turismo, Mulher, Promoção Comercial, Municípios e Prefeituras, Infraestrutura da Integração e Drogas, Prevenção e Reabilitação de Dependentes.

Grupos "Ad Hoc": Açúcar, Relações Externas, Compras Governamentais e Concessões, Integração Fronteiriça, Comitê de Cooperação Técnica, Grupo de Serviços, Comissão Sócio-laboral (Secretaria de Estado da Indústria, do Comércio e Assuntos do MERCOSUL — SEIM).

c) Comissão de Comércio do MERCOSUL (CCM): é o órgão encarregado de assistir ao Grupo Mercado Comum na aplicação dos instrumentos de política comercial comum para o funcionamento da união alfandegária (CEFIR, 2010)[32];

d) Comissão de Representantes Permanentes do MERCOSUL (CRPM): que reúne as reapresentações diplomáticas dos estados membros (CEFIR, 2010)[33];

e) Parlamento do MERCOSUL: é o que representa a legitimidade e democracia em termos de representação política do processo; o Parlamento é o lugar ideal para o debate, para a expressão das diferentes visões, para a enunciação da opinião da maioria, mas também para a possibilidade de expressão das minorias (CEFIR, 2010)[34];

---

(32) *Fonte: Curso "Todos Somos MERCOSUR" — CEFIR — Plataforma de Integração 2009. Disponível em: <http://neccint.wordpress.com/direito-internacional/arena-de-ideias/mercosul/focem-fundo-para-a-convergencia-estrutural-do-mercosul/focem-fundo-para-a-convergencia-estrutural-do-mercosul/>. Acesso em: 02.01.2011.*
(33) *Ibid.*
(34) *Ibid.*

f) Foro Consultivo Econômico Social (FCES): é o órgão de representação dos setores econômicos e sociais composto por representantes dos setores empresariais, sindicatos e entidades da sociedade civil. Tem função consultiva elevando recomendações ao GMC;

g) Secretaria Administrativa do MERCOSUL: é o órgão de assessoria e apoio técnico operativo aos outros órgãos do MERCOSUL. Tem sua sede permanente na cidade de Montevidéu.

Os órgãos institucionais do MERCOSUL[35] são de natureza intergovernamental, cujas decisões tomadas estão vinculadas a procedimentos internos de cada Estado-Parte do bloco, portanto são decisões tomadas por governos nacionais, que estão sujeitos ao controle dos seus respectivos parlamentos[36].

1.3. ASSIMETRIAS NO BLOCO REGIONAL

As assimetrias são um dos principais obstáculos do avanço do processo de integração do MERCOSUL. Os países menos desenvolvidos tendem a ter menor capacidade para se apropriar dos benefícios do processo de integração. Sobre as assimetrias no bloco regional, Costa[37] aponta "a diversidade cultural" entre os membros do MERCOSUL de acordo com:

> [...] o nível de desenvolvimento da economia, o tamanho da população, a diversidade interna, o grau de desigualdade entre os diferentes segmentos sociais, o poder político entre as classes sociais e entre os diferentes Estados que compõem o bloco.

As assimetrias socioeconômicas em que se encontravam os países após a assinatura do Tratado de Assunção dificultaram a coordenação das políticas macroeconômicas que, aliadas à vulnerabilidade externa das economias oriundas das estratégias neoliberais de financiamento, privatizações e abertura brusca de seus mercados, ocasionaram aos Estados novamente um endividamento externo devido à reprimarização das exportações[38]. Afirma Vasconcelos[39] que a falta de

---

(35) No Anexo 2 será apresentado um organograma da estrutura Institucional do MERCOSUL.
(36) KERBER, Gilberto. *Mercosul e supranacionalidade:* um estudo à luz das legislações constitucionais. 2000. Dissertação (Mestrado em Direito) — Universidade Federal de Santa Catarina, Florianópolis, 2000. Disponível em: <http://www.buscalegis.ufsc.br/arquivos/Mercosul%20e%20 supranacionalidade%20-%202000.pdf>. Acesso em: 20.09. 2010, p. 30.
(37) COSTA, Lucia Cortes da. Integração regional e proteção social no contexto do Mercosul. *Op. cit.* p. 30-31.
(38) VASCONCELOS, Pedro Paulo Lima. Indicadores sócio-econômicos do MERCOSUL: um estudo sob a Égide da Economia Política Internacional. In: SIMPÓSIO EM RELAÇÕES INTERNACIONAIS DO PROGRAMA SAN TIAGO DANTAS, I., nov. 2007, p. 10 (UNESP, UNICAMP e PUC-SP)
(39) *Ibid.*

prioridade da integração na formulação das políticas internacionais acabou gerando insatisfação por parte dos sócios menores, a exemplo da ameaça do Uruguai em deixar o bloco e/ou realizar um acordo bilateral com os EUA.

	BRASIL	ARGENTINA	PARAGUAI	URUGUAI
EXTENSÃO TERRITORIAL	8.514.876 km²	2.766.889 km²	406.752 km²	177.414 km²
POPULAÇÃO (habitantes)	193.205.783	40.276.376	6.348.917	3.360.854
PRODUTO INTERNO BRUTO (PIB)	1,6 trilhões de dólares	328 bilhões de dólares	16 bilhões de dólares	32,2 bilhões de dólares
PIB PER CAPTA	6.060 dólares	6.040 dólares	1.710 dólares	6.620 dólares

Figura 1 — Demonstração de algumas assimetrias no bloco

Fonte: Organizado pela autora, com base em informações do *site*: <www.brasilescola.com>. Dados referentes ao ano de 2010.[40]

Também o IPEA[41] vem estudando as assimetrias no bloco, apresentando dados estatísticos e aspectos importantes relativos às desigualdades entre países integrantes do bloco. De acordo com os dados do IPEA[42], e reforçando a Figura 1 apresentada, observa-se o desnível existente entre o Brasil e os demais países do bloco em termos populacionais e econômicos.

Com uma população que representa quase 80% daquela do MERCOSUL e um PIB superior a 75% do PIB do conjunto de países do bloco, o Brasil desponta, à primeira vista, como o gigante líder do processo de integração, com indicadores que destoam de forma significativa do restante do bloco.

Neste contexto, e reconhecendo as assimetrias existentes, foi criado em 2004 o Fundo de Convergência Estrutural do MERCOSUL (FOCEM),[43] pela decisão CMC n. 45/04 e n.18/05 e regulamentado pela decisão n. 24/05, visando à redução das diferenças entre os Estados-Partes e com o seguinte objetivo:

---

(40) Fonte de pesquisa: MERCOSUL e países integrantes. Disponível em: <http://www.brasilescola.com/geografia/mercosul-paises-integrantes.htm>. Acesso em: 18/10/2010.
(41) IPEA — Instituto de Pesquisas Econômicas Avançadas. Assimetrias Estruturais e Políticas de Integração no MERCOSUL. (Ver: MELLO e SOUZA, André de; OLIVEIRA, Ivan Tiago Machado; GONÇALVES, Samo Sérgio. *IPEA* — Instituto de Pesquisas Econômicas Avançadas. Assimetrias Estruturais e Políticas de Integração no MERCOSUL. Disponível em: <http://www.ipea.gov.br/sites/000/2/publicacoes/tds/td_1477.pdf>. Acesso em: 18.10.2010).
(42) *Ibid*.
(43) O FOCEM é um órgão para investimento conjunto dos países integrantes do MERCOSUL, que visa à diminuição das assimetrias entre os Estados-Partes, por meio de financiamento de projetos. (MERCOSUL/CMC/DEC n. 24/05).

Financiar programas para promover a convergência estrutural; desenvolver a competitividade; promover a coesão social, em particular das economias menores e regiões menos desenvolvidas, e apoiar o funcionamento da estrutura institucional e o fortalecimento do processo de integração. (MERCOSUL/CMC/DEC N. 24/05).

Nesse sentido, entra em discussão a possibilidade de estender a proteção social para além dos limites do Estado nacional, de acordo com o FOCEM:

> O Fundo derivou-se da premissa de que o Mercosul deve ser uma via para o desenvolvimento econômico e social de seus "Estados-Partes". Complementarmente, tem-se por princípio que a solidariedade internacional impulsiona a integração regional, favorecendo a formação do mercado comum, e que condições econômicas assimétricas impedem o pleno aproveitamento das oportunidades geradas pela ampliação dos mercados[44].

Cria-se, a partir de então, o objetivo de promover a convergência estrutural dos Estados-Partes do MERCOSUL e, principalmente, o desenvolvimento da competitividade econômica dos Estados-Partes com o favorecimento da coesão social no MERCOSUL, além do fortalecimento do processo de integração regional e da estrutura institucional do bloco.

1.3.1. Movimentação de Mão de Obra — Circulação de pessoas

As experiências de integração, por um imperativo da realidade, tendem a provocar múltiplos efeitos, entre os quais as consequências sociais ocupam um lugar preeminente. Algumas dessas consequências, especialmente as mais demoradas, tendem a ser positivas, expondo-se como resultados benéficos das transformações macroeconômicas, o melhoramento das condições da economia de cada um dos países, e maior defesa da produção integrada no mercado internacional.

Em função disso, uma vez consolidados os lucros econômicos, o desenvolvimento e o crescimento produtivo gerando um maior número de empregos, a tendência é a melhora dos salários e das condições de trabalho, fortalecendo os atores sociais consolidando-se as relações trabalhistas, como efeitos transcendentes do processo de integração.

---

(44) Manual para apresentação de Estudos de Viabilidade Socioeconômica com vistas à apresentação para a obtenção de recursos do Fundo de Convergência Estrutural e Fortalecimento Institucional do MERCOSUL (FOCEM). Ministério do Planejamento, Orçamento e Gestão. Secretaria de Planejamento e Investimentos Estratégicos. Disponível em: <http://www.planejamento.gov.br/secretarias/upload/Arquivos/spi/programas_projeto/focem/Focem_Manual_02.pdf>. Acesso em: 20.09.2010.

Acordos de livre circulação beneficiam tanto os trabalhadores, que buscam novas oportunidades de emprego, quanto as empresas, que exploram novos negócios.

Em 2009, foi promulgado o Acordo sobre Residência para Nacionais dos Estados-Partes do MERCOSUL[45], assim como o Acordo sobre Residência MERCOSUL[46], Bolívia e Chile. Ambos permitem a solicitação de residência com procedimentos simplificados e isenção de pagamento de multas e quaisquer outras sanções, independentemente de estarem em situação migratória regular ou irregular.[47]

Os estrangeiros no Brasil, beneficiados com os Acordos, ou os nacionais nesses países, possuem igualdade de direitos civis no país de recepção. Deveres e responsabilidades trabalhistas e previdenciárias são também resguardados, além do direito de transferir recursos, direito de nome, registro e nacionalidade aos filhos de imigrantes[48]. O visto MERCOSUL tem por objetivo facilitar a circulação temporária de pessoas físicas prestadoras de serviços no território do Bloco, viabilizando a ampliação dos negócios e do comércio de serviços. A iniciativa beneficia gerentes e diretores executivos, administradores, diretores ou representantes legais, cientistas, pesquisadores, professores, artistas, desportistas, jornalistas, técnicos qualificados ou especialistas e profissionais de nível superior[49].

A aquisição de residência temporária assegura os direitos de entrar, sair, circular e permanecer livremente no território do país de recepção, bem como o direito de exercer qualquer atividade profissional, nas mesmas condições estabelecidas para os nacionais do país de recepção. Os acordos de aquisição de residência regulamentados pelos Decretos n. 6.964 e n. 6.975, ambos de 2009, estabelecem, ainda, a igualdade de direitos civis e de reunião familiar, o tratamento igualitário em matéria trabalhista e os direitos de transferência de remessas pecuniárias e de acesso à educação pública.

Neste sentido, o Ministério do Trabalho e Emprego apresenta, anualmente, desde 2006, no *site* oficial do órgão, as autorizações de trabalho concedidas para pessoas signatárias dos Estados-Partes do MERCOSUL, conforme a Tabela 1:

---

(45) Decreto n. 6.964, de 29 de setembro de 2009: Promulga o Acordo sobre Residência para Nacionais dos Estados-Partes do MERCOSUL.
(46) Decreto n. 6.975, de 7 de outubro de 2009: Promulga o Acordo sobre Residência para Nacionais dos Estados-Partes do Mercado Comum do Sul — MERCOSUL, Bolívia e Chile.
(47) Disponível em: <http://www.planalto.gov.br/>. Acesso em: 02.03.2010.
(48) *Ibid*.
(49) Informação constante do livro: BRASIL. SECRETARIA GERAL DA PRESIDÊNCIA DA REPÚBLICA. MINISTÉRIO DAS RELAÇÕES EXTERIORES. *Mercosul social e participativo:* construindo o Mercosul dos povos com democracia e cidadania. Brasília: MRE, 2007.

Tabela 1 — Demonstrativo das autorizações de trabalhos concedidas a pessoas dos Estados-Partes do MERCOSUL.

	2006	2007	2008	2009	2010*
ARGENTINA	661	653	671	571	482
URUGUAI	120	35	52	50	51
PARAGUAI	35	32	39	47	23
CHILE	202	243	327	347	241
BOLIVIA	74	103	170	118	67
VENEZUELA	259	299	360	374	433

Fonte: Organizado pela autora com base em informações do *site*: <www.mte.gov.com>.[50]

* Situação em 30 de setembro de 2010

A Tabela 1 apresenta autorizações, por parte do Ministério do Trabalho e Emprego, aos trabalhadores oriundos do MERCOSUL e países associados. Observa-se que, de maneira geral, houve oscilação das autorizações dos países integrantes do bloco de 2006 a 2010. Evidencia-se que a quebra de barreiras aduaneiras demonstra avanço econômico, mas não garante proteção social de forma imediata. É preciso coordenar ações nas áreas trabalhista e previdenciária para favorecer e dar segurança aos trabalhadores que circulam dentro do bloco.

Diante disso, observa-se que o progresso social não constitui uma consequência automática da integração econômica; existem fatores, como as crises econômico-financeiras nos Estados-Partes condicionadas por problemas de distintas naturezas: pagamento da dívida externa; taxas altas de inflação; elevação de taxas de juros; corrupção institucionalizada; abalos nas Bolsas; valorização cambial; baixo crescimento econômico, os quais geraram impactos políticos e sociais negativos que se manifestam mais imediatamente no plano do emprego e da previdência social[51].

Se os anos 1980 foram chamados de "década perdida", os anos 1990 também não foram muito promissores, e o início do século XXI mantém a sina negativa.[52] Neste sentido, inclusive, segundo Simionato[53], o avanço não foi observado em termos de justiça social,

> [...] com o Tratado de Ouro Preto, assinado em 1994, efetiva-se a regulamentação jurídica da integração regional proporcionando o avanço

---

(50) *Site* do Ministério do Trabalho e Emprego, Coordenação Geral de Imigração. Disponível em: <www.mte.gov.br>. Acesso em: 20.11.2010.
(51) WANDERLEY, Luiz Eduardo W. A construção de um MERCOSUL Social. *Revista Ponto-e-Vírgula*, São Paulo, PUC, SP, v. 1, p. 90-104, 2007, p.94.
(52) *Ibid*.
(53) SIMIONATO, Ivete. MERCOSUL e Reforma do Estado: o retrocesso da Seguridade Social. *Revista Katálysis*, v.0, n. 5, 2001, p.1.

das políticas comerciais, aduaneiras e agrícolas, não se observando o mesmo em relação à perspectiva de "justiça social" e à dimensão democrática do processo.

Sobre essa questão, Costa[54] menciona que, no MERCOSUL, "o que se internacionaliza é a economia e não a proteção social"; diante disso, a autora aponta que "proteção ao trabalho compõe os custos da atividade econômica, e que o tema laboral não pode ser ignorado". Apesar dessa afirmação, pode-se inferir que a regionalização acarreta convergência nos sistemas previdenciários. Na organização econômica, um dos primeiros custos a serem atacados são os trabalhistas, por sua incidência no preço final dos produtos ou serviços. Isso gera diferenças das condições de trabalho e dos salários em termos comparativos. Vale frisar que os custos previdenciários fazem parte dos custos trabalhistas em questão.

Trata-se de um círculo vicioso, já que, ao diminuir a contribuição por efeito da redução da população ocupada e do eventual descenso dos níveis salariais (que conformam a base da contribuição), tende a crescer o desfinanciamento dos sistemas de previdência social.

É inevitável que toda integração regional deva enfrentar a dimensão social, tanto para administrar, ordenar e redistribuir no longo prazo os benefícios e vantagens econômicas que se procura obter com tal processo, como também para dar respostas imediatas e amortecer os efeitos negativos que se geram a partir da transformação das estruturas econômicas e da abertura ao comércio internacional dos países que conformam um bloco.

Diniz aponta a mundialização da oferta de trabalho como um dos efeitos da globalização. O indivíduo poderá ser facilmente transferido de um país para outro, orientado pela oferta de emprego. Como fenômenos decorrentes dessa globalização da mão de obra aparecem: a constituição de um exército de reserva com grandes contingentes de trabalhadores transnacionais; o aumento da rotatividade da mão de obra nos empregos e nas regiões; o alto número de migrações internas dentro destes blocos; a existência de um proletariado altamente qualificado; o crescimento do desemprego e do subemprego em virtude da automação, acarretando aumento da economia informal[55].

Não se pode deixar de mencionar, quando se fala em circulação de pessoas, principalmente trabalhadores, o fato de o MERCOSUL não ter sufragado plenamente ainda os estágios anteriores de Zona de Livre Comércio e União Aduaneira, pressupostos do estágio de Mercado Comum, quando então, ao menos em tese, estaria consagrada a liberdade de circulação de trabalhadores. É notório que a

---

(54) COSTA, Lucia Cortes da. Trabalho e proteção social no MERCOSUL. In: SEMINÁRIO DEMOCRACIA E PROTEÇÃO SOCIAL NO MERCOSUL, Anais..., UEPG, 18 e 19 de junho de 2009, p. 2.
(55) DINIZ, Clélio Campolina. In: SEMINÁRIO INTERNACIONAL GLOBALIZAÇÃO E DESENVOLVIMENTO REGIONAL: CENÁRIOS PARA O SÉC. XXI. Painel..., Recife, SUDENE, 1997. p. 64-65.

questão social não é a prioritária quando se pensa em integração econômica, mas ela surge à medida que há uma evolução natural para os estágios que pressupõem maior grau de integração[56].

Segundo Chiarelli, a livre circulação de trabalhadores é condição para a formação de um Mercado Comum, que só estará perfeito ao garantir a livre circulação da força de trabalho respaldada por normas jurídicas que balizem as relações econômicas e sociais. O trabalhador de cada um dos países do MERCOSUL deverá, com o tempo, assumir o papel de trabalhador comunitário com a consolidação da faculdade de deslocamento nos países do bloco em busca de ocupação[57].

É fato, e há que se admitir que, mesmo a passos lentos, o MERCOSUL desenvolveu ao longo dos anos mecanismos em prol da livre circulação de trabalhadores. Neste sentido, Jaeger Junior[58] anotou que "o MERCOSUL já esteve diante de várias propostas com vistas ao incremento do processo de estabelecimento de uma livre circulação de trabalhadores".

No âmbito do MERCOSUL, para efetivar as políticas de mercado de trabalho é necessário que se estabeleça um padrão para a qualificação da força de trabalho, sistemas de intermediação de mão de obra, além de apoio às pequenas empresas que incentive medidas voltadas para a elevação do nível de investimento econômico[59].

O Conselho do Mercado Comum — CMC, através da DEC/CMC/MERCOSUL n. 46, de 16 de dezembro de 2004, criou o **Grupo de Alto Nível** para elaborar uma "Estratégia MERCOSUL de Crescimento do Emprego". O Grupo é integrado pelos ministérios responsáveis pelas políticas econômicas, industriais, laborais e sociais dos Estados-Partes, e também com a participação das organizações econômicas e sociais que integram as seções nacionais do Foro Consultivo Econômico e Social e da Comissão Sociolaboral do MERCOSUL.

Tendo em vista a circulação de pessoas, especialmente trabalhadores, no interior do bloco, a Previdência Social vem recebendo atenção especial dos Estados-Partes. O reconhecimento da importância do tema tem sido acompanhado por ações efetivas que garantem benefícios sociais e melhores condições de vida aos trabalhadores e trabalhadoras da região. O Acordo Multilateral de Seguridade Social do MERCOSUL, em vigor desde 2005, já permitiu que oito mil brasileiros[60]

---

(56) SAMPAIO, Rômulo Silveira da Rocha. *A livre circulação de trabalhadores na União Europeia e sua perspectiva no MERCOSUL*. Dissertação (Mestrado em Direito) — Pontifícia Universidade Católica do Paraná, PUC-PR, Curitiba, 2005, p.206.
(57) CHIARELLI, Matto Tota; CHIARELLI, Carlos Alberto Gomes (Coord.). *Temas de integração com enfoque no Mercosul*. v. 1. São Paulo: LTr, 1997. p. 149.
(58) JAEGER JUNIOR, A. *Temas de direito da integração e comunitário*. São Paulo: LTr, 2002. p. 59.
(59) COSTA, Lucia Cortes da. *Trabalho e proteção social no MERCOSUL. Op. cit.*, p. 28.
(60) BRASIL. SECRETARIA GERAL DA PRESIDÊNCIA DA REPÚBLICA. MINISTÉRIO DAS RELAÇÕES EXTERIORES. *Mercosul social e participativo*: construindo o Mercosul dos povos com democracia e cidadania. *Op. cit.*, p. 104.

que mantiveram empregos em qualquer um dos quatro países do Bloco, ao longo da vida, se aposentassem e recebessem os benefícios devidos.

O Acordo permite que o tempo de contribuição previdenciária de quem tenha trabalhado em mais de um país do MERCOSUL seja somado para fins de aposentadoria. Atualmente, cerca de 700 mil brasileiros[61] residem nos Estados-Partes e poderão se beneficiar do acordo.

O êxito alcançado com o Acordo de Seguridade Social do MERCOSUL estimulou a assinatura de Acordos Multilaterais Similares, como por exemplo o Acordo Ibero-Americano de Seguridade Social,[62] firmado em 2007, quando ratificado pelos parlamentos nacionais, que beneficiará cerca de cinco milhões de trabalhadores imigrantes da Argentina, da Bolívia, do Brasil, do Chile, da Colômbia, da Costa Rica, de Cuba, do Equador, de El Salvador, da Guatemala, de Honduras, do México, da Nicarágua, do Panamá, do Paraguai, do Peru, da República Dominicana, do Uruguai, da Venezuela, de Portugal, da Espanha e do Principado de Andorra.

O processo de globalização da economia fez crescer o movimento migratório de trabalhadores e, consequentemente, trouxe reflexos na organização dos sistemas previdenciários. Indivíduos que têm cobertura pelo sistema de previdência social do país de origem em que desenvolvem suas atividades e que façam um movimento migratório para outro país estarão sujeitos à legislação previdenciária do país de destino onde estiverem exercendo nova atividade.

1.3.2. Diferentes Regimes Previdenciários dos países Integrantes do MERCOSUL

No Paraguai, o direito à seguridade social está previsto no art. 95 da Constituição, com as informações:

De la seguridad social. El sistema obligatorio e integral de seguridad social para el trabajador dependiente y su familia será establecido por la ley. Se promoverá su extensión a todos los sectores de la población. — Los servicios del sistema de seguridad social podrán ser públicos, privados o mixtos, y en todos los casos estarán supervisados por el Estado. — Los recursos financieros de los seguros so ciales no serán desviados de sus fines específicos; estarán disponibles para este objetivo, sin perjuicio de las inversiones lucrativas que puedan acrecentar su patrimonio.[63]

---

(61) *Ibid*.
(62) Será feito um breve estudo sobre o acordo Ibero-Americano de Seguridade Social no item 2.2 do segundo capítulo deste trabalho.
(63) Tradução livre: A Seguridade Social. O sistema obrigatório e integral de seguridade social dos trabalhadores e de sua família será estabelecido por lei. Irá promover a sua extensão a todos os setores da população. — Os serviços do sistema de seguridade social podem ser públicos, privados ou mistos, e cada caso é supervisionado pelo Estado. — Os recursos financeiros do seguro social não

Lá não existe um único sistema de seguridade social, são diversos sistemas administrados, por intermédio de "Caixas" de previdência. As instituições e normas de previdência social estão vinculadas aos trabalhadores empregados, ou seja, aquelas que estão vinculados ao empregador. Neste sentido, Cristaldo[64] declara que:

> Se entiende que la expresión "seguridad social", em El artículo 382 de código Laboral está utilizada en un sentido restringido, limitada exclusivamente a la protección del trabajador em relación de dependência y sus derecho-habientes, contra los riesgos de caráter general y especialmente los derivados del trabajo, mediante un sistema de seguros sociales. De ahí lo adecuado, en vez de "seguridad social", hubiera sido utilizar en El Código Laboral paraguaio la expressión más exacta y precisa de "prevision social", para denominar El Libro IV de esse cuerpo legal.[65]

O Paraguai tem um sistema de previdência social fragmentado, com várias instituições independentes que administram os fundos de pensão. O sistema é organizado em oito instituições que não têm vínculos entre si, nem são supervisionadas por uma entidade superior do governo[66].

Não foi encontrado, na pesquisa realizada, nenhuma informação, legislação ou referência a reformas do sistema previdenciário paraguaio como dos demais Estados-Partes, entretanto é o único dos países do MERCOSUL a organizar um regime de previdência privada complementar de aposentadorias, parecido, no seu aspecto de contribuição compulsória, ao Regime Geral de Previdência Social, de caráter nacional, obrigatório e legal.[67]

O Instituto de Previdência Social (IPS), principal órgão previdenciário, foi criado em 1943, abrangendo, atualmente, duas áreas: a) aposentadorias e pensões; b) saúde da população[68].

---

serão desviados de seus objetivos específicos e estarão disponíveis para esse efeito, não obstante os investimentos lucrativos que podem aumentar seu patrimônio.
(64) CRISTALDO M., Jorge Dario. La Seguridad Social y la Previsión Social em el Paraguay. In: BERWANGER, Jane Lúcia Wilhelm; FERRARO, Suzani Andrade (Coord.). *Previdência Social no Brasil e no MERCOSUL.* Curitiba: Juruá, 2010. p. 129.
(65) Tradução livre: Entende-se que a expressão "seguridade social", prevista no art. 382 do código de trabalho, é usada em sentido restrito, limitado exclusivamente à proteção dos trabalhadores com relação de emprego que tenham riscos ambientais de caráter geral e especialmente do trabalho, através de um sistema de seguro social. Desta forma, o mais adequado, em vez de "seguridade social", deveria ser utilizada no código de trabalho paraguaio a expressão mais exata e precisa de "previdência social" no Livro IV do corpo legal.
(66) GARCIA, Stella Mary. La proteción social em Paraguay. In: MENDES, Jussara Maria Rosa *et al.* (Org.). *MERCOSUL em Múltiplas Perspectivas:* fronteiras, direitos e proteção social. Porto Alegre: EDIPUCRS, 2007, p. 188.
(67) OLIVEIRA, Aldemir. *Aspectos da Aposentadoria por Tempo de Serviço nos Estados-Partes do MERCOSUL.* 2008. Tese (Doutorado em Direito) — Universidade Federal de Santa Catarina, Florianópolis, 2008. p. 145.
(68) VILLATORE, Marco Antônio César. A reforma da previdência social no MERCOSUL e nos países integrantes. *Revista do Tribunal Regional do Trabalho da 15ª Região Campinas,* n. 3, p. 128-137, jul./dez. 2003.

O sistema utilizado no Paraguai é um sistema de repartição simples, regido pelo formato contributivo, sendo pago pelo trabalhador e pelo empregador. O Paraguai é o país com menor cobertura previdenciária da América do Sul, com uma taxa que chega a apenas 25% de seus trabalhadores, sendo inferior, inclusive, à cobertura previdenciária da Bolívia. A contribuição para o sistema é muito baixa, apenas os que têm salários médios ou altos é que contribuem, e os trabalhadores em atividades rurais não estão assegurados pela previdência social, tendo em vista que não há nenhuma forma de contribuição.[69]

Os benefícios concedidos aos segurados são: "auxílio doença", benefício pago ao trabalhador quando de sua incapacidade derivada de acidentes e doenças comuns e derivada de acidentes e doenças do trabalho, salário maternidade, aposentadoria por invalidez decorrente de acidente e doenças do trabalho, aposentadoria por idade e pensão por morte.

No Uruguai, o Banco da Previdência Social foi criado em 1954, atendendo grande parte da população, exceto algumas caixas de aposentadorias e pensões, como a dos Estados, dos militares, dos professores universitários, dos bancários e dos policiais.[70]

O sistema de Previdência Social uruguaio, após a reforma previdenciária, regido pela Lei n. 16.713, publicada em 3 de setembro de 1995, e conforme estabelece o *caput* do art. 4º da referida legislação, é misto, compreendendo o regime contributivo de repartição, administrado pelo Banco de Previdência Social, e o regime de capitalização individual, administrado por empresas privadas, de forma combinada.[71]

A reforma em 1995 foi uma das mais importantes mudanças da Seguridade Social na história do Uruguai, e acontece em consonância com o restante dos países da América Latina. A reforma implicou num aumento das condições e das exigências ao acesso das prestações, numa diminuição discriminada nas mesmas, e criou um regime de arrecadação individual administrado pelo setor privado e pelas administradoras de fundos de arrecadação previsional (AFAPs no Uruguai)[72].

Alejandro Castelo[73] afirma:

> El sistema combina um componente público basado en el régimen de raparto, denominado de solidariedad intergeneracional, com um

---

(69) GARCIA, Stella Mary. *La protección social em Paraguay*. Op. cit., p. 191.
(70) CASTELLO, Alejandro. Evolución y Perspectivas del Régimen Jubilatorio en Uruguay. In: BERWANGER, Jane Lúcia Wilhelm; FERRARO, Suzani Andrade (Coord.). *Previdência social no Brasil e no MERCOSUL*. Curitiba: Juruá, 2010. p. 27.
(71) *Ibid*.
(72) MARCONDES, Claudia Gamberine. *Sistemas Previdenciários Sulamericanos*: Brasil, Uruguai e Chile. 2007. Dissertação (Mestrado em Direito) — Faculdade de Direito da Universidade Metodista de Piracicaba — UNIMEP, Piracicaba, 2007, p. 83.
(73) CASTELLO, Alejandro. *Evolución y Perspectivas del Régimen Jubilatorio en Uruguay*. Op. cit.

componente privado organizado bajo el régimen de capitalización individual.[74]

E ainda,

> El sistema combina varios pilares. Um primer pilar que recoge lãs características del modelo público de reparto, y luego um segundo pilar de tipo privado, basado em el ahorro individual, cuyo objetivo es complementar lãs prestaciones provenientes del primer pilar. La inclusión em los distintos niveles de cobertura está determinada por el nível de ingresos del afiliado, o más precisamente por el monto de asignaciones computables que percibe el afiliado.[75]

No mesmo sentido, para Murro[76] tal sistema está apoiado em três pilares, quais sejam:

> 1) Solidariedade intergeracional — É administrado diretamente pelo Estado, pelo BPS, que continua sendo o organismo arrecadador. Este nível estabelece benefícios definidos, e os trabalhadores, com suas contribuições, financiam as aposentadorias dos inativos junto com as contribuições patronais, com os tributos destinados ao sistema e à assistência financeira estatal. Ampara um amplo setor da população estimado entre 87% e 92% até determinado nível de renda: 842 dólares. Esse primeiro nível é complementado por um modelo instrumental com objetivo redistributivo, dirigido para os setores da sociedade de menor renda, não integrados a setores estruturados do mercado de trabalho. Este complemento se consegue por meio de um modelo público seletivo, constituído pelos benefícios assistenciais não contributivos de idade avançada e invalidez.
>
> 2) De poupança individual obrigatória — É administrado pelas Administradoras de Fundos de Aposentadoria (AFAP), que são entidades privadas. Há uma AFAP que é uma sociedade anônima, de propriedade do Estado (BPS, Banco República e Banco de Seguros do Estado); as outras 5 são de propriedade privada. Inclui os que percebem rendas superiores aos equivalentes 842 dólares e até 2.563 dólares. Também

---

(74) Tradução livre: O sistema combina um componente público baseado em repartição simples, denominado solidariedade intergeracional, com um componente privado organizado sob um sistema de capitalização individual.
(75) Tradução livre: O sistema combina vários pilares. Um primeiro pilar, o que dá o desempenho do modelo público pago, e depois um segundo pilar privado, tipo de poupança individual, destina-se a complementar os benefícios do primeiro pilar. Em diferentes níveis de inclusão de cobertura, é determinada pelo nível de renda da filial, ou mais precisamente o montante das verbas recebidas pelo membro computável.
(76) Ernesto Murro é, atualmente, presidente do Instituto de Seguridade Social do Uruguai.

se permite a pessoas com menos de 40 anos, com rendas inferiores a 842 dólares, a possibilidade de optarem pelo 2º nível com 50% de sua renda, obtendo-se assim um incentivo de 50% no cálculo de seu salário base no 1º nível.

3) De poupança voluntária — Compreende aquelas pessoas que tenham rendas superiores a 2.563 dólares, na parte que exceda esse valor. No que se refere à parcela superior a este nível de renda se tem a liberdade de contribuir ou não para o sistema. [...] Abrange obrigatoriamente todos os segurados que estejam com menos de 40 anos de idade à data de vigência da lei (1.4.96) e todas as pessoas que ingressaram no mercado de trabalho, qualquer que seja a sua idade, posteriormente a esta data. Foram estabelecidas regras de transição para os trabalhadores com mais de 40 anos de idade na data de entrada em vigor da lei, que não tinham direito à aposentadoria em 31.12.96. Este regime vigora entre 1º de janeiro de 1997 e 1º de janeiro de 2003 e estabelece uma progressividade de idade, no caso da mulher, e no tempo de serviço [...][77]

O trabalhador alcança sua carência, consoante "uma tabela que levará em conta os anos de contribuição e a idade do trabalhador".[78] A aposentadoria tornou-se proporcional ao número de anos trabalhados e à idade do trabalhador, entretanto todos os habitantes do Uruguai, independentemente de sua renda, ter-lhes-ão assegurada essa aposentadoria.

De acordo com a legislação e o sistema de Previdência Social ou Seguridade Social, como é denominado o sistema no Uruguai, a avaliação dos efeitos econômicos da reforma da Previdência Social no Uruguai parte do conceito de equidade atuarial[79]. Calcula-se um índice de rendimento no qual o valor dos benefícios seja equivalente e atualizado, as contribuições efetivamente pagas, um índice de atualização. Os benefícios concedidos são: aposentadoria por tempo de serviço, aposentadoria por idade, aposentadoria por invalidez, auxílio-doença e pensão por morte.

Na Argentina, a reforma previdenciária ocorreu na década de 1990, alterando a concepção de direito constitucional para a mercantilização do seguro social como estratégia para fomentar o mercado de capitais.[80]

A legislação base sobre o Sistema Integrado de Aposentadoria e Pensões da Argentina é a Lei n. 24.241, de 13 de outubro de 1993, que cobre as aposentado-

---

(77) MURRO, Ernesto. *As tendências na américa latina e a reforma uruguaia da previdência social*. 2001. Disponível em: <www.redsegsoc.org.uy>. Acesso em: 10.11.2010, p. 5.
(78) *Ibid*.
(79) SIMIONATO, Ivete. *MERCOSUL e Reforma do Estado*: o retrocesso da Seguridade Social. *Op. cit.*, p. 40.
(80) *Ibid*.

rias por velhice, invalidez e morte, integrando-se ao Sistema Único de Seguridade Social (SUSS), conforme seu art. 1º, "*caput*".[81]

O Sistema também é considerado misto e possui um regime público, fundamentado sobre a concessão, pelo Estado, de benefícios financiados por um sistema de repartição, e um regime previdenciário, baseado na capitalização individual. Este sistema não beneficia apenas o governo, mas — e principalmente — os grupos econômicos e as corporações transnacionais, pois contribui para criar um importante mercado de capitais, financiado pelos trabalhadores.[82]

Uma Comissão especial para a reforma do Regime da Previdência, no âmbito da Secretaria de Seguridade Social, foi criada com o Decreto n. 1.934, de 30 de setembro de 2002, tendo por objetivos, conforme seu art. 1º: a) elaborar linhas para uma reforma do Sistema Integrado de Aposentadorias e Pensões, para que o mesmo cumpra com a finalidade de cobertura para velhice, invalidez e tempo de serviço; b) a busca de consensos sobre as bases para se elaborar um anteprojeto de reforma da previdência social; c) preparar um "Acordo para a Seguridade Social" orientado a elevar a prioridade política e lograr a revalorização da Previdência Social como instrumento necessário para a redistribuição do ingresso e para a paz social.[83]

Como medida de proteção, também existe na Argentina como Seguridade Social o seguro desemprego, previsto na Lei n. 24.013/93, que auxilia o trabalhador em caso de desemprego involuntário, financiado com contribuições a cargo dos empregadores. Entretanto, em 2007 o novo sistema integrado de aposentadorias e pensões, Lei n. 24.241/93, foi alterado pela Lei n. 26.222/2007, estabelecendo a livre opção do Regime de Aposentadoria. O novo sistema misto de previdência social é integrado por dois componentes obrigatórios e integrados e a partir da nova legislação promulgada, Lei n. 26.222/2007, os afiliados (segurados) ao Sistema Integrado de Aposentadorias e Pensões (SIJP) podem optar por mudar de regime ao qual estão afiliados (segurados), uma vez a cada cinco anos, nas condições que tal efeito estabeleça o Poder Executivo.[84]

Em matéria de saúde, as previsões contam nas Leis n. 23.660/93 e n. 23.661/93, que regulamentam o Regime de obras Sociais e o Seguro Nacional de Saúde, administrados pelos sindicatos reconhecidos como tal, que será responsável pela cobertura de saúde dos trabalhadores e de seus familiares.

---

(81) VILLATORE, Marco Antônio César. *A reforma da previdência social no MERCOSUL e nos países integrantes*. Op. cit., p. 134.
(82) GAMBINA, J. Previdência Social, Fundos de Pensão, Empregos Públicos, Reforma Administrativa e Reforma da Educação. Jornal APUFSC, Florianópolis set/out, 2000. In: SIMIONATO, Ivete. *MERCOSUL e Reforma do Estado*: o retrocesso da Seguridade Social. Op. cit., p.39.
(83) VILLATORE, *Loc. cit.*
(84) OLIVEIRA, Aldemir. *Aspectos da Aposentadoria por Tempo de Serviço nos Estados-Partes do MERCOSUL*. Op. cit., p. 131.

No Brasil, a Seguridade Social, de acordo com a Constituição Federal de 1988, art. 203, é um conjunto integrado de ações de iniciativa dos Poderes Públicos e da sociedade destinadas a assegurar os direitos relativos à saúde, à previdência e à assistência social.

Seguridade Social é gênero, da qual são espécies a Saúde, a Previdência e a Assistência Social, e tem como meta proteger pessoas contra a doença, o abandono e a impossibilidade de trabalho. Ao Estado compete a organização e administração da Seguridade Social, por meio de ministérios, entidades e instituições que mantêm seu funcionamento, como o Ministério da Saúde, o Ministério da Previdência Social e o Ministério do Desenvolvimento Social e Combate à Fome (antigo Ministério da Assistência Social), conforme Lei n. 10.683/2003, art. 25.

A Constituição Federal de 1988, em seu art. 194, enumerou em sete incisos os princípios constitucionais que regem a Seguridade Social. A seguir, analisam-se os referidos princípios:

I — *Universalidade da cobertura e do atendimento*: garante a disponibilização da saúde, assistência e previdência em todas as contingências a que estejam sujeitos os indivíduos. As ações e os benefícios de que se constituem a saúde, a assistência social e a previdência social (este último de caráter contributivo) se encontrarão disponíveis e serão oferecidos a todos os indivíduos que deles necessitarem;

II — *Uniformidade e equivalência dos benefícios e serviços às populações urbanas e rurais*: a proteção social oferecida pela Seguridade Social deverá ser disponibilizada de maneira uniforme e equivalente, tanto aos indivíduos da área urbana, quanto àqueles da área rural. Não poderá haver distinção entre as modalidades de benefícios e serviços oferecidos, devendo, ao contrário, existir forma única ou semelhança (uniformidade);

III — *Seletividade e distributividade na prestação dos benefícios e serviços*: os benefícios e serviços serão oferecidos aos indivíduos que deles necessitarem através de uma escolha fundamentada e criteriosa. Não existirá somente um único benefício ou serviço, mas, sim, diversas modalidades aptas a atender exatamente a necessidade do beneficiado. A distributividade implica na distribuição de renda e proteção social. Os serviços e benefícios serão concedidos com equidade e justiça, o que não significa que um contribuinte da Previdência Social, por exemplo, receberá integralmente tudo o que contribuiu aos cofres do sistema. Todas as contribuições são convertidas em um caixa único (e não individualizado) e o Estado trabalha distribuindo com retidão estes valores aos serviços e benefícios nas áreas de saúde, assistência e previdência social;[85]

IV — *Irredutibilidade do valor dos benefícios*: o princípio da irredutibilidade visa garantir ao indivíduo que o benefício assistencial ou previdenciário que lhe for concedido não sofrerá qualquer redução de valor e não poderá ser objeto de desconto (salvo determinação legal ou judicial), arresto, sequestro ou penhora;

V — *Equidade na forma de participação no custeio*: este princípio tem por objetivo distribuir com justiça e retidão o percentual de contribuição cabível à sociedade na manutenção do sistema de Seguridade Social. Toda a sociedade contribui para a manutenção do sistema, mas

---

(85) VIANNA, Claudia Sales Vilela. *Previdência social, custeio e benefícios*. 2. ed. São Paulo: LTr, 2010. p. 49.

garante-se, por este princípio, a progressividade da contribuição conforme a capacidade contributiva de cada um. As empresas, por exemplo, sofrem maior desconto em seu rendimento bruto para a manutenção do sistema de Seguridade em razão de sua maior capacidade contributiva. Os empregados contribuem conforme tabela progressiva, sempre condizente com o salário percebido;[86]

VI – *Diversidade da base de financiamento*: determina o art. 195 da Constituição Federal que a Seguridade Social será financiada por toda a sociedade, de forma direta e indireta, nos termos da lei, mediante recursos provenientes dos orçamentos da União, dos Estados, do Distrito Federal e dos Municípios, e de contribuições sociais obrigatórias a empresas e trabalhadores;

VII – *Caráter democrático e descentralizado da administração, mediante gestão quadripartite, com a participação dos trabalhadores, dos empregadores, dos aposentados e do Governo nos órgãos colegiados*: os trabalhadores, os empresários, os aposentados e o Governo participam da gestão administrativa da Seguridade Social, que deverá possuir caráter democrático e descentralizado. Assim, pode-se dizer que a gestão dos serviços e benefícios de que se constitui a Seguridade Social tem a participação ativa da sociedade. Esta participação é exercida através dos órgãos colegiados de deliberação, quais sejam: Conselho Nacional de Saúde (Lei n. 8.080/90), Conselho Nacional de Assistência Social (Lei n. 8.742/93, art. 17) e Conselho Nacional de Previdência Social (Lei n. 8.213/91, art. 3º), que têm composição paritária integrada por representantes do Governo Federal, representantes dos aposentados, representantes dos trabalhadores em atividade e representantes dos empregadores.

Especificamente a Previdência Social no Brasil é uma instituição pública que tem a finalidade de assegurar direitos aos seus segurados e dependentes, já que se trata de um seguro social, a aqueles que contribuem para ela. Quando uma pessoa não tem mais capacidade para trabalhar, a previdência social substitui seu salário pelo benefício previdenciário. Essa incapacidade de trabalho pode ser classificada como doença, invalidez, idade avançada, maternidade e dois benefícios de concessão para dependentes, sendo pensão por morte e auxílio-reclusão.

De acordo com Vianna[87], a previdência social no Brasil abrange somente uma parcela da sociedade (face ao seu caráter contributivo), deixando à margem de seus benefícios aqueles que não exercem atividade remunerada (contribuintes obrigatórios) ou que manifestamente não expressam seu desejo associativo (contribuintes facultativos). A população mais carente, e, portanto, não contribuinte, usufrui somente das ações da saúde e das ações e benefícios mantidos pela Assistência Social.

Os empregados, trabalhadores avulsos, empregados domésticos, os contribuintes individuais e os facultativos, assim como seus dependentes, têm por benefícios: aposentadoria por invalidez, especial, idade e tempo de contribuição, auxílios doença, acidente, reclusão, pensão por morte, salários-maternidade e família. A previdência é um sistema de contribuição compulsória no Brasil, ou seja, a contribuição é obrigatória. Existem duas modalidades de contribuintes, os obrigatórios, que são os trabalhadores de forma geral, previstos no art. 11 da Lei

---
(86) *Ibid.*, p. 51.
(87) VIANNA, Claudia Sales Vilela. *Previdência Social, Custeio e Benefícios*. *Op. cit.*, p. 62.

n. 8.212/91, e os facultativos, que são aqueles que podem contribuir de maneira facultativa por não trabalharem com fins lucrativos, ou aqueles que não têm renda.

Apesar da existência expressa, na Constituição Federal, do princípio da uniformidade e equivalência dos benefícios e serviços às populações urbanas e rurais (art. 194, II), a previdência social compreende três regimes distintos. O art. 6.º do Decreto n. 3.048/99 (Regulamento da Previdência Social) determina os seguintes regimes:

> I — Regime Geral de Previdência Social: Principal regime previdenciário, por abranger maior percentual da população brasileira: trabalhadores da iniciativa privada rural ou urbana, empregados domésticos, aprendizes, empresários, trabalhadores autônomos, trabalhadores avulsos, produtores rurais, etc. Sua administração é atribuída ao Ministério da Previdência Social, sendo exercida pelo Instituto Nacional de Seguridade Social — INSS, autarquia federal responsável pela concessão dos benefícios previdenciários (do Regime Geral);
>
> II — Regime próprio de previdência social dos servidores públicos: os servidores titulares de cargos efetivos da União, dos Estados, do Distrito Federal e dos Municípios, incluídas suas autarquias e fundações, possuem tratamento diferenciado quanto ao sistema previdenciário, conferido pela própria Constituição Federal, art. 40, *caput* (redação dada pela Emenda Constitucional n. 41/2003), que lhes assegura a existência de regime próprio;
>
> III — Regime próprio de previdência social dos militares: as Forças Armadas, constituídas pela Marinha, Exército e Aeronáutica, são instituições nacionais permanentes e regulares, organizadas com base na hierarquia e na disciplina, sob a autoridade suprema do Presidente da República. Os membros das Forças Armadas são denominados militares e a Constituição Federal, em seu art. 142, inciso X, combinado com o § 20º do art. 40, confere à lei ordinária a competência para a instituição de sistema próprio previdenciário.

O regime geral de previdência, conhecido por RGPS, se acha a cargo do INSS; o regime próprio dos servidores públicos a cargo do respectivo ente da federação, que pode, para administrá-lo, instituir entidade autárquica própria.

A previdência social brasileira vem passando por inúmeras discussões sobre uma reforma necessária, pois atualmente a economia brasileira vai bem, considerando a capacidade de gerar empregos, mas a previdência social nem tanto, considerando os déficits. Enquanto registrou uma alta de 4,46%[88] de trabalhadores com emprego formal no primeiro semestre de 2010, as contas no INSS fecharam com um *déficit* de 22,8 bilhões[89].

Contudo, em notícia divulgada no *site* do Ministério da Previdência Social, o déficit do INSS somou R$ 3,3 bilhões em fevereiro de 2011, o que representa uma queda de 17,6% em relação ao rombo de R$ 4,02 bilhões registrado em fevereiro de 2010. Todos os números foram corrigidos pelo INPC. Em janeiro de 2011, o resultado negativo somou R$ 3 bilhões e, no ano de 2010, o *déficit* tota-

---

(88) Fonte: notícia vinculada ao *site* JUSPREV — Previdência dos promotores e da Justiça Brasileira. Disponível em: <http://www.jusprev.com.br>. Acesso em: 25.07.2010.
(89) *Ibid.*

lizou R$ 44,3 bilhões, com queda de 4,5% frente ao ano anterior.[90] No primeiro bimestre de 2011, ainda segundo dados do Ministério da Previdência, o déficit do INSS somou R$ 6,35 bilhões, com queda de 20,5% em relação ao mesmo período do ano passado, quando o resultado negativo (em números já corrigidos pelo INPC) somou R$ 7,99 bilhões[91].

A Comissão Especial para Estudos do Sistema Previdenciário, criada com o objetivo de analisar e estudar o sistema brasileiro de previdência, reconheceu que "sem reformas estruturais, logo a previdência sentirá os efeitos corrosivos de benefícios sem cobertura assegurada ou de fontes de financiamento esgotadas". (Anexo I, da Mesa Diretora da Câmara de Deputados)

As reformas previdenciárias na América Latina são base de grandes discussões. O Chile foi o primeiro país a implementar uma privatização do sistema previdenciário de forma radical; já para os outros países da mesma região, determinados fatos ocorridos nos anos 1980 foram cruciais antes que as reformas estruturais se tornassem politicamente viáveis, como: 1) quebra dos sistemas de seguridade social durante a crise econômica e financeira; 2) o crescente interesse, por parte das instituições financeiras internacionais, nos efeitos econômicos dos sistemas de seguridade social, e seu apoio à reforma de sistemas previdenciários no âmbito de programas de ajuste estrutural; 3) a opção neoliberal na política latino-americana nos anos 1990, com forte orientação para o modelo estatal regulatório-subsidiário, que introduz medidas como a privatização, a liberalização e a desregulação, e favorece reformas radicais que visam recuperar a credibilidade em lugar de favorecer melhorias no âmbito da lógica dos sistemas anteriores[92].

Analisando os sistemas previdenciários dos países integrantes do bloco, chega-se à Tabela 2, como forma simplificada de análise:

Tabela 2 — Resumo da análise dos sistemas previdenciários dos países integrantes do MERCOSUL

País	Tipo de Sistema	Benefícios	Reformas
Argentina	Misto	Aposentadoria por idade, invalidez, pensão por morte e seguro-desemprego	Lei n. 24.241/93 Lei n. 26.222/07
Brasil	Repartição Simples	Aposentadoria por idade, tempo de contribuição, invalidez, especial, auxílio-doença, pensão por morte, salário-maternidade, salário-família, reclusão, auxílio-acidente, reabilitação profissional	EC 20/1998 e EC 41/2003

---

(90) Fonte: notícia vinculada ao *site* do Ministério da Previdência Social no dia 24.03.2011. Disponível em: <www.mps.gov.br>. Acesso em: 30.03.2011.
(91) *Ibid*.
(92) HUJO, Katja. Novos Paradigmas na Previdência Social: Lições do Chile e da Argentina. *Revista Planejamento e Políticas Públicas*, n. 19, Junho de 1999, p. 158 e 159.

País	Tipo de Sistema	Benefícios	Reformas
Paraguai	Repartição Simples	Aposentadoria por idade, invalidez, auxílio-doença, salário-maternidade e pensão por morte	--
Uruguai	Misto	Aposentadoria por tempo de serviço, por idade, invalidez, auxílio-doença e pensão por morte	Lei n. 16.713/95 e Lei n. 18.395/08

Fonte: Organizado pela autora com base em informações do *site*: <www.mte.gov.com>

CAPÍTULO 2
O ACORDO MULTILATERAL DE SEGURIDADE SOCIAL DO MERCOSUL

2.1. ACORDOS INTERNACIONAIS — CONCEITO E FINALIDADE

O Estatuto da Convenção de Viena definiu "tratado", em seu art. 2º, I, alínea "a", como sendo um "acordo internacional celebrado por escrito entre Estados regido pelo direito internacional, quer conste de um instrumento único, quer de dois ou mais instrumentos conexos, qualquer que seja sua denominação particular"[93].

Tratado é o ato jurídico pelo qual há a manifestação de vontades de duas ou mais pessoas internacionais, visando estabelecer um acordo, entendido como expressão de uso livre e de alta incidência na prática internacional[94]. Como conceitua Wladimir Novaes Martinez, "são fontes formais internacionais que regem a previdência social dos trabalhadores migrantes, isto é, tratados bilaterais sobre previdência social, celebrados entre o Brasil e diversos países da América Latina e da Europa".[95]

É imprescindível um esforço mútuo internacional no sentido de flexibilizar regras de seguridade social para se tornarem viáveis os acordos internacionais. Rocha destaca que, no plano internacional, fatores como a migração de trabalhadores, a atuação de empresas multinacionais e a criação de mercados comuns são fatores que têm acentuado a tendência de internacionalização da previdência e seguridade social. Deste contexto, surge a necessidade de que as legislações nacionais sejam integradas, a fim de que os trabalhadores que transitem entre os Estados, e sujeitos a regimes previdenciários nacionais diferentes, não sejam prejudicados e privados da proteção previdenciária, em razão da falta de articulação estatal.[96]

---

(93) Essa Convenção sistematiza conceitos jurídicos fundamentais sobre os tratados e foi adotada em 23/05/1969 pela Conferência das Nações Unidas sobre o direito dos tratados, tendo entrado em vigor, para os países que a ratificaram, não incluindo o Brasil, em 27.01.1980. Disponível em: <http://www2.mre.gov.br/dai/dtrat.htm>. Acesso em: 12.05.2008.
(94) Disponível em: <http://www2.mre.gov.br/dai/003.html>. Acesso em: 10.05.2008.
(95) MARTINEZ, Wladimir Novaes. *Curso de direito previdenciário*. Tomo II — previdência social. 2. ed. São Paulo: LTr, 2007. p. 858.
(96) ROCHA, Daniel Machado da. *O direito fundamental à previdência social na perspectiva dos princípios constitucionais diretivos do sistema previdenciário brasileiro*. Porto Alegre: Livraria do Advogado, 2004. p. 112.

Não obstante, os acordos não são estabelecidos ocasionalmente. É essencial que se analise a presença de uma forte migração internacional de trabalhadores, o incremento de importantes fluxos de investimentos externos e as relações especiais de amizade existentes entre os países com os quais se deseja estabelecer um acordo internacional. Os acordos podem ser bilaterais ou multilaterais, podendo ainda ser permanentes ou temporários. As formalidades para celebração do acordo são: 1º negociação; 2º assinatura; 3º troca de notas; e 4º ratificação (promulgação, confirmação), com intervenção das atividades diplomáticas inclusive.

De acordo com o art. 49, inciso I, da Constituição Federal, os tratados internacionais têm de ser ratificados pelo Poder Legislativo, por meio de Decretos Legislativos, adquirindo força de lei, e regulamentados por Decretos do Poder Executivo, transformando-se em fontes formais do Direito. Os tratados internacionais são atos complexos, pois deve existir a vontade do presidente da República, que os celebra, e a do Congresso Nacional, que os aprova; logo, consagra-se assim a colaboração do Executivo e do Legislativo na conclusão de tratados internacionais[97].

Diante do atual cenário internacional, caracterizado pelo intenso processo de globalização, o trânsito de pessoas em geral, e, especialmente, de trabalhadores tem aumentado constantemente, e a expectativa[98] é a de que, com o aumento da integração econômica e a consolidação de blocos político-econômicos, o trânsito de trabalhadores aumente ainda mais.

As migrações internacionais é um fato com o qual os países, por intermédio de seus gestores de políticas de trabalho e previdência social, terão que lidar. É previsível que, no contexto da integração internacional crescente, os acordos e tratados de seguridade social sejam instrumentos importantes de extensão e garantia de direitos sociais, trabalhistas e previdenciários, previstos na legislação de dois ou mais países, procurando prover fundamento legal comum quanto aos direitos e obrigações.

A integração regional do MERCOSUL promove uma reestruturação competitiva das economias nacionais dos países do bloco, que impõe novos desafios econômicos e sociais aos países.

Em matéria de previdência, os acordos internacionais, que estão inseridos no contexto da política externa brasileira, conduzida pelo Ministério das Relações Exteriores, são o resultado de esforços do Ministério da Previdência Social e de entendimentos diplomáticos entre governos, e objetivam garantir, aos respectivos

---

(97) PIOVESAN, Flávia. *Direitos humanos e direito constitucional e internacional*. 5. ed. São Paulo: Max Limonad, 2002. p. 72.
(98) Cf. os trabalhos publicados na coletânea: BRASIL. *Migrações internacionais e a previdência social*. Ministério da Previdência Social. Brasília, MPAS, 2006.

trabalhadores e dependentes legais, residentes ou em trânsito no país, os direitos de seguridade social previstos nas legislações dos países[99].

Os acordos internacionais de Previdência Social estabelecem uma relação de prestação de benefícios previdenciários, não implicando na modificação da legislação vigente no país, cumprindo a cada Estado contratante analisar os pedidos de benefícios apresentados e decidir quanto ao direito e às condições, conforme sua própria legislação aplicável. Esses acordos internacionais são instrumentos jurídicos que possibilitam aceitar a validade do trabalho prestado em outro país, como tempo de contribuição para fins de aposentadoria, permitindo, assim, que se reconheçam os benefícios de Seguridade Social nos países participantes.

Todavia, não se ignorem também as imensas dificuldades legislativas entre os quatro países, em matéria previdenciária. Este campo é de imprescindível harmonização e principalmente estruturação interna, que visa, num primeiro momento, à redução do *déficit* público, para em posterior momento criar as condições à exportação dos benefícios. Torna-se um imperativo, pois caso contrário os trabalhadores não migrarão, não arriscarão novas oportunidades, tampouco se beneficiarão, se não puderem contar com a assistência dos sistemas previdenciários, da contagem do tempo de serviço ou contribuição e, sobretudo, da possibilidade de desfrutarem de benefícios em Estados estrangeiros, porém, comunitários[100].

A verdade é que, no mundo contemporâneo, a preocupação com a questão social na integração regional não pode ser tratada como faculdade, e sim uma necessidade derivada do próprio instinto de preservação de cada país. Neste sentido, Alicia Moreno ressalta a importância de documentos como a Declaração Sociolaboral do MERCOSUL, e do Acordo Multilateral de Seguridade Social, para o avanço da questão social no MERCOSUL, mesmo que caracterize o avanço ainda parcial.[101] Porém, faz crítica ao caráter limitado do poder vinculante dos documentos relativos à área social Eduardo Campos, ao entender que a realidade social do MERCOSUL traduz-se em debates e estudos que, até 2001, materializaram-se em programas e práticas de um pequeno número de ações pontuais aqui e ali:

> [...] o saldo até o momento resume-se basicamente à vigência comum de algumas normas da Organização Internacional do Trabalho, à celebração do Acordo Multilateral de Seguridade Social, sem grandes inovações em relação ao quadro então existente, e à assinatura da Declaração Sociolaboral, com importantes limitações em seu conteúdo e sem poder vinculante[102].

---

(99) Disponível em: <http://www.previdencia.gov.br/pg_secundarias/previdencia_social_04_01.asp>. Acesso em: 25.04.2009.
(100) SAMPAIO, Rômulo Silveira da Rocha. *A livre circulação de trabalhadores na União Europeia e sua perspectiva no MERCOSUL*. Op. cit., p. 246.
(101) MORENO, Alicia S. La difusa Idea del espacio social en los procesos de integración. In: PIMENTEL, L. O. (Coord.). *Mercosul, Alca e Integração Euro-Latino-Americana*. Curitiba: Juruá, 2001, p. 74.
(102) CAMPOS, E. N. O déficit social da Comunidade Europeia e do MERCOSUL. In: PIMENTEL, L. O. (Coord.). *Op. cit.*, p. 210.

Pode-se afirmar que os acordos internacionais são mecanismos delicados, que precisam superar problemas complexos, dentre os quais os sistemas de seguridade social, principalmente pelas variadas regras existentes em todo o mundo, sendo preciso superar as deficiências internas para harmonizar as regras bastante divergentes dos países envolvidos nos acordos internacionais.

Os acordos internacionais em matéria previdenciária protegem os direitos dos trabalhadores envolvidos em movimentos migratórios, com o objetivo de garantia de direitos sociais, trabalhistas e previdenciários.

Nesse sentido, é necessário que os processos de integração regional sejam acompanhados de medidas tendentes à progressiva coordenação, não somente das políticas macroeconômicas, senão também daquelas referentes à proteção social. Imerso neste desafio, e com a ampliação de demandas populares de políticas de proteção social, nos últimos anos foi habitual que o Brasil estabelecesse convênios bilaterais de previdência social com alguns países da América Latina, o que tornou mais fácil a ratificação do Acordo Multilateral de Seguridade Social do MERCOSUL.

2.2. ORGANISMOS INTERNACIONAIS DE SEGURIDADE SOCIAL

Os organismos internacionais de seguridade social têm o objetivo de garantir a maior cobertura possível da proteção social aos trabalhadores e atuar na facilitação para a realização desse processo. O Ministério da Previdência Social (MPS) mantém filiação com três organismos internacionais de seguridade social: Associação Internacional de Seguridade Social (AISS); Conferência Interamericana de Seguridade Social (CISS); e Organização Ibero-americana de Seguridade Social (OISS). O Brasil também é parceiro em ações com a Organização Internacional do Trabalho (OIT).[103]

A Associação Internacional de Seguridade Social é a principal organização internacional do mundo a reunir as administrações e os organismos nacionais de seguridade social. Fundada em 1927, a AISS é uma organização internacional sem fins lucrativos, composta por instituições, órgãos governamentais, entidades e outros organismos gestores de ramos de seguridade social; seu secretariado tem sede na Organização Internacional do Trabalho (OIT), em Genebra, e atualmente conta com 340 organizações afiliadas em 150[104] países de todo o mundo.

Os objetivos da AISS são: defender e promover a seguridade social internacional no mundo inteiro, colaborando com o aperfeiçoamento técnico-administrativo

---

(103) Fonte: Relatório Anual da AISS. Disponível em: <www.issa.int/annual-review>. Acesso em: 20.01.2011.
(104) *Ibid*.

e o intercâmbio informativo gerencial; assegurar o direito estabelecido por lei aos acidentes de trabalho e doenças profissionais, desemprego, maternidade, invalidez, aposentadoria e reabilitação a filhos e membros das famílias; fomentar experiências, intercâmbios e conhecimentos internacionais; organizar reuniões sobre seguridade social; realizar intercâmbio de informações e experiências; organizar cursos de formação e seminários de capacitação; efetuar investigações e pesquisas em matéria de seguridade social; publicar e difundir trabalhos e documentos sobre temas de seguridade social; organizar reuniões internacionais periódicas de seus membros; favorecer a troca de informações e a confrontação de experiências, orientando as atividades dos membros da Associação e a ajuda técnica mútua que possam propor; colaborar com a OIT e com outras organizações, a fim de contribuir para a melhoria da situação social e econômica dos povos, com base na justiça social para uma paz geral e durável.

A Conferência Interamericana de Seguridade Social é um Organismo Internacional Especializado, de caráter permanente, que foi iniciado pelos estados membros da OIT, os quais, reunidos em uma conferência de trabalho, em 12 de dezembro de 1940, na cidade de Lima, Peru, criou o Comitê Interamericano de Iniciativas em Seguridade Social, que serviu depois de base para criação da Conferência Interamericana de Seguridade, aprovada por unanimidade, desde que atue em conformidade com a OIT.

Seus objetivos são: apoiar e contribuir para o desenvolvimento da seguridade social nos países americanos, cooperando com as instituições e administrações nacionais; adotar resoluções e formular recomendações em seguridade social e promover sua difusão; impulsionar a cooperação e intercâmbio de experiências entre as instituições de administrações nacionais de seguridade social e outras organizações internacionais; orientar a capacitação de recursos humanos a serviço da seguridade social e proporcionar meios para que se possa fazê-lo de forma sistemática e permanente; difundir os avanços dos sistemas de seguridade social em nível nacional e internacional; e editar as publicações de estudos[105].

A Organização Ibero-americana de Seguridade Social — OISS — tem como finalidade promover o bem-estar econômico e social dos países ibero-americanos, mediante a coordenação, intercâmbio e troca de experiências mútuas no âmbito da seguridade social. Além de prestar assessoramento e ajuda técnica a seus membros, colaborando para o desenvolvimento de seus sistemas, tem-se empenhado na promoção da universalização da Seguridade Social, impulsionando a modernização dos sistemas existentes mediante a coordenação e o aproveitamento de suas experiências mútuas.

A OISS é o primeiro registro na América para a Segurança Social, realizada em Barcelona em 1950, no qual estabeleceu uma Secretaria para apoiar novas

---

(105) *Ibid.*

reuniões, a ser chamada Comissão Americana de Segurança Social, mas foi no Congresso Latino-Americano de Segurança Social, realizado em Lima, Peru, em 1954, que, com a presença da maioria dos países da região, juntamente com representantes da OIT, da OEA e ISSA, foi aprovada a "Carta da OISS"

Seus principais objetivos são: promover ações para universalizar o direito à seguridade social; colaborar com o desenvolvimento de tratados de integração socioeconômica de caráter sub-regional; atuar como órgão permanente de informação, estudo, investigação e experiência no desenvolvimento dos sistemas internacionais; promover meios para a realização de negociação de acordos entre os países, prestando assistência técnica e facilitando a execução de programas na área de proteção social; desenvolver investigações, estudos e pesquisas nos principais ramos da seguridade social no mundo; receber e divulgar publicações de diversos trabalhos sobre temas de seguridade social; e trocar experiências entre as instituições membro[106].

A Organização Internacional do Trabalho, fundada em 1919, criada pela Conferência de Paz, após a Primeira Guerra Mundial, tem o objetivo de promover a justiça social. É a única das Agências do Sistema das Nações Unidas que tem estrutura tripartite, na qual os representantes dos empregadores e dos trabalhadores têm os mesmos direitos que os do governo.

A OIT tem por princípio que a paz universal e permanente só pode basear-se na justiça. A Organização Internacional do Trabalho, por ser uma agência especializada das Nações Unidas, é responsável por formular normas internacionais do trabalho; promover o desenvolvimento e a interação das organizações de empregadores e de trabalhadores; prestar cooperação técnica, principalmente nas áreas de formação e reabilitação profissional, políticas e programas de emprego e de empreendedorismo, administração do trabalho, direito e relações do trabalho, condições de trabalho, desenvolvimento empresarial, cooperativas, previdência social, estatísticas, e segurança e saúde ocupacional.

Ainda, como objetivos estratégicos, promover os princípios fundamentais e direitos no trabalho, por meio de um sistema de supervisão e de aplicação de normas; promover melhores oportunidades de emprego/renda para mulheres e homens em condições de livre escolha, de não discriminação e de dignidade; aumentar a abrangência e a eficácia da proteção social; e fortalecer o tripartismo e o diálogo social.

Na seguridade social, destaca-se a Convenção 118, da Organização Internacional do Trabalho (OIT), que trata da igualdade de tratamento entre nacionais e estrangeiros, aprovada no Brasil em 24 de agosto de 1968. No art. 7º da Con-

---

(106) Disponível em: <http://www1.previdencia.gov.br/pg_secundarias/previdencia_social_04_05. asp>. Acesso em: 20.04.2011.

venção, estipula-se que os países signatários têm que participar de um sistema de direitos de seguridade social, e que este sistema terá que fornecer a totalização dos períodos de seguro, trabalho ou residência, a manutenção ou a recuperação de direitos, bem como o cálculo das contribuições dos trabalhadores em circulação. Neste sentido, é indispensável colocar em prática as iniciativas do poder público para alcançar tais direitos.

No Brasil, o escritório da OIT atua na promoção dos objetivos estratégicos da Organização, principalmente na implementação de programas, projetos e atividades de cooperação técnica, visando ao aperfeiçoamento das normas e das relações trabalhistas, das políticas e programas de emprego, formação profissional e de proteção social.

2.3. PAÍSES COM OS QUAIS O BRASIL MANTÉM ACORDO DE SEGURIDADE SOCIAL

Como já visto, os acordos internacionais de Previdência Social inserem-se no contexto de política externa brasileira, conduzida pelo Ministério das Relações Exteriores, mas no Brasil são operacionalizados pelo Instituto Nacional do Seguro Social, de forma descentralizada, mediante 14 Organismos de Ligação vinculados às Gerências Executivas do INSS, nas cidades de Manaus, Salvador, Fortaleza, Goiânia, Cuiabá, Belo Horizonte, Belém, Curitiba, Recife, Rio de Janeiro, Porto Alegre, Florianópolis, São Paulo, além do Distrito Federal.[107] Esses Organismos são responsáveis pela análise e concessão dos benefícios, cabendo-lhes, ainda, responder a solicitações dos segurados e dos Organismos de Ligação estrangeiros.

O Brasil reconhece a importância significativa dos acordos internacionais como um meio para assegurar os direitos de seguridade social dos cidadãos, de maneira que tem como objetivo ampliar, cada vez mais, as relações bilaterais e multilaterais para a celebração de novos acordos, tendo como fator determinante relações especiais de amizade entre os países e os fluxos importantes de comércio e investimentos.

Atualmente, o Brasil mantém acordo bilateral com Cabo Verde, Espanha, Grécia, Chile, Itália, Luxemburgo e Portugal. Em fase de negociação, encontram-se os acordos bilaterais com Japão, Alemanha, Países Baixos, Coreia e Estados Unidos e o Acordo Ibero-Americano de Seguridade Social.[108] Na maioria dos Acordos, há um Regulamento Administrativo para a sua aplicação, anexado junto ao respectivo Acordo, com exceção do Acordo Internacional entre Brasil e Cabo Verde, e Brasil e Luxemburgo.

---

(107) Fonte extraída do *site*: <www.mps.gov.br/acordosinternacionais>. Acesso em: 03.01.2011.
(108) LAMERA, Larissa Martins. Acordos Internacionais de Previdência Social. *Informe da Previdência Social 1*, 2007, v. 17, n. 8. Disponível em: <http://www.previdencia.gov.br/docs/pdf/informe%20 2007-08.pdf>. Acesso em: 26/04/2009.

No âmbito multilateral, o Brasil tem acordo com os países do MERCOSUL (Argentina, Paraguai e Uruguai), sendo o mais recente Acordo a entrar em vigor.

O governo brasileiro publicou no "Diário Oficial da União" de 07 de dezembro de 2012 o Decreto n. 7.859, de 06/12/2012, que promulga o Protocolo de Adesão da República Bolivariana da Venezuela ao MERCOSUL, firmado pelos presidentes dos Estados-Partes e da República Bolivariana da Venezuela em Caracas, em 4 de julho de 2006.

O Brasil exerce a presidência *protempore* do Mercosul e o decreto foi assinado pela presidente Dilma Rousseff. A entrada da Venezuela no bloco ocorreu em julho de 2012, depois que o Paraguai foi suspenso do Mercosul em consequência de processo relâmpago de *impeachment* contra o ex-presidente Fernando Lugo. O Mercosul decidiu suspender temporariamente o Paraguai até as novas eleições presidenciais do país, em 2013, e afirmou que a Venezuela será incorporada ao bloco como "membro de pleno direito". O Paraguai era o único país que faltava aprovar a entrada venezuelana.

De acordo com o Ministério da Previdência Social, a última tabela[109] com a quantidade de benefícios concedidos no âmbito dos acordos internacionais publicada demonstra que, no período compreendido entre os anos de 2007 e 2009, essa quantidade em relação aos países integrantes do MERCOSUL aumentou em relação à tabela do período 2001 a 2003, e também passam a aparecer benefícios concedidos no âmbito do Acordo Multilateral de Seguridade Social e surgem na tabela paraguaios, trabalhadores que não estavam na tabela 2001/2003.

Tabela 3 — Quantidade de benefícios concedidos no âmbito dos acordos internacionais de Previdência Social.

Países	2001/2003 Total de benefícios	2007/2009 Total de benefícios
Argentina	7	89
MERCOSUL	-	32
Paraguai	-	6
Uruguai	16	77

Fonte: Organizado pela autora com base nas tabelas publicadas pelo Ministério da Previdência Social

A tabela 2007/2009. Trata de período pós-entrada em vigor do Acordo Multilateral de Seguridade Social, que apresenta uma movimentação tímida de trabalhadores circulando dentro do bloco, mas ao mesmo tempo já demonstra um

---

(109) Tabelas em anexo.

aumento de benefícios concedidos em razão da tabela anterior (2001/2003) e a presença do Paraguai. Pode-se concluir que o Acordo Multilateral de Seguridade Social do MERCOSUL já estaria trabalhando a favor do trabalhador, no que tange à previdência social, ao menos.

2.4. O ACORDO MULTILATERAL DE SEGURIDADE SOCIAL DO MERCOSUL

O Acordo Multilateral de Seguridade Social do Mercado Comum do Sul e seu Regulamento Administrativo foram efetivamente celebrados, em Montevidéu, em 15 de dezembro de 1997, pelos chanceleres da Argentina, Brasil, Paraguai e Uruguai, na ocasião da XIII Reunião do Conselho do Mercado Comum. Os referidos diplomas, que encontram amparo no Tratado de Assunção e no Protocolo de Ouro Preto, têm por objetivo o estabelecimento de normas que regulam as relações de Seguridade Social entre os países do MERCOSUL.

Com vigência fixada a partir do dia 1º de junho de 2005, o Acordo Multilateral de Seguridade Social substituiu os acordos bilaterais existentes entre os países da região, estabelecendo um mecanismo estandardizado de coordenação dos sistemas previdenciários no âmbito do MERCOSUL, que era inexistente nos instrumentos originários do bloco econômico. Foi necessária, portanto, a celebração de um acordo que contemplasse as normas gerais para regular, de maneira clara e homogênea, a seguridade social na região.

Seguindo o rito processual previsto para aprovação de atos internacionais, no Brasil, o Acordo e seu Regulamento foram encaminhados ao Congresso Nacional e ratificados por meio do Decreto Legislativo n. 451, publicado em 15 de novembro de 2001. Este Decreto ressaltou que quaisquer ajustes complementares que acarretassem encargos ou compromissos gravosos ao patrimônio nacional ficariam sujeitos à aprovação do Congresso Nacional.

A matéria, objeto dos referidos diplomas internacionais, envolve interesses dos Ministérios das Relações Exteriores, da Previdência Social, Saúde e Trabalho e Emprego, uma vez que abrange a legislação de seguridade social pertinente às prestações contributivas pecuniárias e de saúde, aplicável aos trabalhadores e seus familiares e assemelhados.

O Acordo trata basicamente dos seguintes temas:

I — reconhecimento dos direitos à Seguridade Social aos trabalhadores que prestem ou tenham prestado serviços em quaisquer Estados-Partes, sendo-lhes atribuídos, assim como a seus familiares e assemelhados, os mesmos direitos e estando sujeitos às mesmas obrigações que os nacionais de tais Estados-Partes;

II — submissão do trabalhador à legislação do Estado-Parte em cujo território exerça atividade laboral, outorga das prestações de saúde ao trabalhador deslocado temporariamente para território de outro Estado, assim como para seus familiares e assemelhados, desde que a Entidade Gestora do Estado de origem assim autorize;

III — possibilidade de obtenção de prestações por velhice, idade avançada, invalidez ou morte pelos trabalhadores filiados a um regime de aposentadoria; e,

IV — pensões de capitalização individual estabelecidas por algum dos Estados-Partes.

A prioridade da diplomacia brasileira na América Latina, em geral, e no MERCOSUL, atribui especial relevância ao Acordo Multilateral de Seguridade Social do MERCOSUL, demandando a maior celeridade possível nos processos necessários à sua efetiva aplicação. Entretanto, a mesma dedicação espera-se dos países signatários do Acordo, qual seja a necessidade de se estender proteção social a todos os brasileiros que se encontram no exterior.

Essa norma de coordenação entre os países não implica a alteração nos respectivos sistemas previdenciários, mas permite preservar os direitos adquiridos ou em fase de aquisição pelos trabalhadores ou seus dependentes quando se encontrarem no território dos países signatários, além de não prejudicar os direitos adquiridos na vigência dos acordos bilaterais.

Hugo Roberto Mansueti[110] lembra:

> Ello fue advertido en forma temprana, con La aprobación Del Acordo Multilateral de Seguridad Social Del Mercosur y El respectivo regulamento administrativo, suscritos em Montevidéo, el 15 de diciembre de 1997. Ambos instrumentos ya se ecuentran en vigor de manera simultânea desde 01 de junio de 2002. Através de estos Estados-Partes, de lãs cotizaciones efectuadas por los trabajadores nacionales o extranjeros habitantes, de manera tal que lãs prestaciones puedan ser otorgadas por El Estado donde El trabajador o beneficiário se encuentre.[111]

Nos termos do art. 2º do Acordo Multilateral de Seguridade Social do MERCOSUL, os direitos à seguridade social serão reconhecidos aos trabalhadores que

---

(110) MANSUETI, H. R. Contenidos de la Seguridad Social en el MERCOSUL, In: BERWANGER, Jane Lúcia Wilhelm; FERRARO, Suzani Andrade (Coord.). *Previdência social no Brasil e no MERCOSUL.* Curitiba: Juruá, 2010. p. 85.
(111) Tradução livre: Isto foi advertido antecipadamente, com a aprovação do Acordo Multilateral de Seguridade Social do MERCOSUL e o respectivo regulamento administrativo, subscritos em Montevidéu, em 15 de dezembro de 2002. Através destes Estados-Partes, das cotações efetuadas pelos trabalhadores nacionais ou estrangeiros residentes, de forma que os benefícios possam ser concedidos pelo Estado onde o trabalhador ou beneficiário de encontre.

prestem ou tenham prestado serviços em quaisquer dos Estados-Partes, sendo-lhes reconhecidos, bem como a seus familiares e dependentes, os mesmos direitos, estando sujeitos às obrigações que os nacionais de tais Estados-Partes com respeito aos especificamente mencionados no Acordo. O Acordo também deve ser aplicado aos trabalhadores de qualquer outra nacionalidade residentes no território de um dos Estados-Partes, sempre que prestem ou tenham prestado serviços nos países do bloco. Por fim, destaca-se que o objetivo do presente Acordo é harmonizar e não unificar as legislações previdenciárias dos integrantes do bloco, essa é a diretriz prescrita no art. 4º, ao declarar que "o trabalhador estará submetido à legislação do Estado-Parte em cujo território exerça atividade laboral".

Os primeiros esforços para coordenar regimes de segurança social por via de acordos internacionais são anteriores à Segunda Guerra Mundial. Não obstante, os acordos, da forma como conhecidos atualmente, emergiram depois desse conflito, incorporando os países de Europa Ocidental. Tais países perceberam que, sem uma coordenação desta natureza, os indivíduos que contribuíram para regimes previdenciários em mais de um país não poderiam reunir as condições de aquisição das aposentadorias a que teriam direito.

Os Governos da República Argentina, da República Federativa do Brasil, da República do Paraguai e da República Oriental do Uruguai, considerando o Tratado de Assunção, de 26 de março de 1991, e o Protocolo de Ouro Preto, de 17 de dezembro de 1994, com o objetivo de estabelecer normas que regulem as relações de Seguridade Social entre os países integrantes do MERCOSUL, decidiram promulgar o Acordo Multilateral de Seguridade Social, publicado no Brasil pelo Decreto Legislativo n. 451, de 14 de novembro de 2001, e Decreto n. 5.722, de 13 de Março de 2006.

O acordo do MERCOSUL é o primeiro acordo internacional brasileiro em matéria previdenciária que também beneficia os funcionários públicos pertencentes aos Regimes Próprios de Previdência Social.[112]

Como o acordo será aplicado, substancialmente pela uniformidade de entendimento entre os países membros, estabeleceu-se a Comissão Permanente integrada por três membros de cada país, composta por grupos de trabalho nas áreas da saúde, legislação e informática, com o objetivo de verificar a aplicação do acordo e resolver as divergências sobre a aplicação desse instrumento.

O Acordo Multilateral de Seguridade Social, destacam Nilde Bravo, Maria Alliney e Graciela Victorín[113], representa a satisfação de uma dívida que os Esta-

---

(112) Informação constante do livro: ELIAS, Aparecida Rosangela (Org.). *Atuação governamental e políticas internacionais de previdência social.* Brasília: MPS, 2009. (Coleção Previdência Social, Série Estudos; v.32, 1.Ed.).
(113) BRAVO, N. de Las M.; ALLINEY, M. C.; AVENDAÑO. G. V. Un avance en el proceso de integración social en el MERCOSUR: el Acuerdo Multilateral de Seguridad Social. In: PIMENTEL, L. O. *Op. cit.*, p. 406.

dos-Partes tinham com seus trabalhadores, em que o social havia sido relegado a um segundo plano. Deste modo, olvidou-se que a economia se constrói também com o trabalho do homem e é deste — trabalhador migrante — que se deve proteger seus bens mais valiosos, como sua saúde e as contingências sociais de velhice, invalidez e morte.

2.4.1. Benefícios previdenciários cobertos pelo Acordo Multilateral

O trabalhador que transitar pelos diferentes sistemas previdenciários dos países integrantes do MERCOSUL, e desde que preenchidos os requisitos para a concessão do benefício, terá direito ao mesmo, porém nem todas as prestações estarão cobertas pelo Acordo Multilateral. Como o diploma não prevê uma unificação da legislação previdenciária dentro do bloco e, sim, uma harmonização, cada Estado-Parte deve continuar prestando sua assistência da forma como a legislação interna prever.

As prestações a que os trabalhadores, seus familiares e dependentes tenham direito, ao amparo da legislação de cada um dos Estados-Partes, serão pagas de acordo com as normas previstas no art. 7º do Acordo Multilateral, que são as seguintes:

1. quando se reúnam as condições requeridas pela legislação de um Estado-Parte para se ter direito às prestações sem que seja necessário recorrer à totalização de períodos prevista no Título VI do Acordo, a Entidade Gestora calculará a prestação em virtude unicamente do previsto na legislação nacional que se aplique, sem prejuízo da totalização que possa solicitar o beneficiário;

2. quando o direito a prestações não se origine unicamente com base nos períodos de seguro ou contribuição cumpridos no Estado Contratante de que se trate, a liquidação da prestação deverá ser feita tomando-se em conta a totalização dos períodos de seguro ou contribuição cumpridos nos outros Estados-Partes;

3. caso seja aplicado o parágrafo precedente, a Entidade Gestora determinará, em primeiro lugar, o valor da prestação a que o interessado ou seus familiares e assemelhados teriam direito, como se os períodos totalizados tivessem sido cumpridos sob sua própria legislação e, em seguida, fixará o valor da prestação em proporção aos períodos cumpridos exclusivamente sob tal legislação.

Destarte, ficam excluídos do Acordo Multilateral os seguintes benefícios previstos no art. 18 da Lei n. 8.213, de 24 de julho de 1991, que dispõe sobre os planos de benefícios da previdência social:

a) para o segurado: aposentadoria por tempo de serviço; aposentadoria especial; salário-família; salário-maternidade; auxílio-acidente;

b) para o dependente: auxílio-reclusão;

c) para o segurado e dependente: serviço social; reabilitação profissional.

Somente serão analisadas as principais características, requisitos de concessão e forma da renda inicial mensal dos benefícios com os quais os trabalhadores do MERCOSUL poderão contar.

No Brasil, a autoridade competente a processar os pedidos de concessão de benefícios envolvendo estrangeiros dos Acordos Internacionais é o Instituto Social do Seguro Social, e a Assessoria de Assuntos Internacionais é o órgão responsável pela celebração dos Acordos e pelo acompanhamento e avaliação de sua operacionalização. O requerimento de benefício, inclusive benefício da legislação do outro país, deverá ser protocolizado na Entidade Gestora do país de residência do interessado. No Brasil, os requerimentos são formalizados nas Unidades/Agências da Previdência Social, conforme a residência do requerente, e encaminhados ao Organismo de Ligação correspondente.

Em relação ao benefício de aposentadoria por idade, uma particularidade do Brasil que não se aplica ao Acordo Multilateral de Seguridade Social é a possibilidade de o trabalhador rural que vive em regime de economia familiar poder se aposentar por idade, sem ter a necessidade de contribuição — com idade de 60 anos para o homem e 55 anos para a mulher.

> PREVIDENCIÁRIO E PROCESSUAL CIVIL. APOSENTADORIA POR IDADE RURAL. ECONOMIA FAMILAR. ATIVIDADE EXERCIDA NO PARAGUAI. INVERSÃO DO ÔNUS DE SUCUMBÊNCIA[114].
>
> 1. São requisitos para a concessão do benefício rurícola por idade: a comprovação da qualidade de segurado especial, a idade mínima de 60 anos para o sexo masculino ou 55 anos para o feminino, bem como a carência exigida na data em que implementado o requisito etário, sem necessidade de recolhimento das contribuições (art. 26, III e 55, §2º da LBPS).
>
> 2. Admitem-se como início de prova material do efetivo exercício de atividade rural, em regime de economia familiar, documentos de terceiros, membros do grupo parental (Súmula 149 STJ).
>
> 3. A parte autora não faz jus ao benefício de aposentadoria por idade porque, embora tenha implementado o requisito etário, não demonstrou o reconhecimento da atividade rural segundo a Lei vigente no Paraguai, aonde o serviço teria sido prestado. O fato do Brasil não exigir o recolhimento de contribuições para o segurado especial que exerce a atividade rural em regime de economia familiar não impede o Paraguai de o fazê-lo.
>
> 4. Tendo em vista a inversão do ônus da sucumbência, deverá a parte autora arcar com as custas processuais e honorários advocatícios ao patrono da parte adversa, fixados em R$ 465,00 (quatrocentos e sessenta e cinco reais).
>
> ACÓRDÃO
>
> Vistos e relatados estes autos em que são partes as acima indicadas, decide a Egrégia Turma Suplementar do Tribunal Regional Federal da 4ª Região, por unanimidade **dar provimento à apelação e ao agravo retido**, nos termos do relatório, votos e notas taquigráficas que ficam fazendo parte integrante do presente julgado[115]

---

(114) A sentença na íntegra poderá ser observada no anexo fls 134.
(115) APELAÇÃO CÍVEL N. 2009.72.99.002600-9/SC. RELATOR: JUIZ FEDERAL LORACI FLORES DE LIMA. TRF — 4ª Região

Portanto, embora o trabalhador rural seja efetivamente um trabalhador no sistema brasileiro de previdência social, conforme dispõe a Constituição Federal de 1988, se houver comprovação de que o segurado era trabalhador rural, chamado de segurado especial[116], ser-lhe-á devido o benefício da aposentadoria, o que não acontece com os países integrantes do Acordo Multilateral de Seguridade Social.

Até porque, como se verá no Capítulo 3, os trabalhadores assegurados pelo Acordo são aqueles que têm vínculo de emprego, ou seja, os trabalhadores empregados.

---

(116) Segurado Especial, para o sistema brasileiro de previdência social, é aquele que vive em regime de economia familiar e caracteriza-se como produtor, parceiro, meeiro e o arrendatário rural, o pescador artesanal e seus assemelhados; que exerçam suas atividades, individualmente ou em regime de economia familiar, com ou sem auxílio eventual de terceiros, em sistema de mútua colaboração e sem utilização de mão de obra assalariada; bem como seus respectivos cônjuges, companheiros e filhos maiores de 16 anos de idade ou a eles equiparados, desde que trabalhem comprovadamente com o grupo familiar respectivo.
A contar de 22.11.2000, o parceiro outorgante proprietário de imóvel rural com área total de, no máximo, quatro módulos fiscais, que ceder em parceria ou meação até 50% da área de seu imóvel rural, desde que outorgante e outorgado continuem a exercer a atividade individualmente ou em regime de economia familiar. (VIANNA, Claudia Sales Vilela. *Previdência social, custeio e benefícios. Op. cit.*, p. 57)

CAPÍTULO 3

NORMAS OPERACIONAIS PARA SEGURIDADE SOCIAL NO MERCOSUL

O êxito dos Acordos Internacionais é, em grande parte, em razão da parceria entre o Itamaraty e o Ministério da Previdência Social (MPS), com vistas a estender proteção previdenciária aos brasileiros que vivem no exterior, o que pressupõe a existência de acordos nessa matéria com governos de outros países.

O Acordo Multilateral de Seguridade Social do MERCOSUL é o primeiro Acordo multilateral brasileiro em matéria previdenciária em vigor. Nele, por exemplo, são garantidos benefícios que dependem de contribuições e contagem de tempo, como aposentadoria por idade (voluntária ou obrigatória), aposentadoria por invalidez, auxílio-doença e a pensão por morte, o que totalizaria os períodos para quem atua em mais de um país no âmbito do Acordo.

Outra proteção prevista é a manutenção da contribuição ao país de origem quando o deslocamento temporário for inferior a 12 meses, prorrogável por igual período, sempre que seja autorizado pelo país de destino. Em tal período, o trabalhador mantém seu vínculo e direitos sempre no país de origem, não precisando, portanto, requerer esse tempo trabalhado na forma do Acordo. Ademais, o Acordo também beneficia aos servidores públicos pertencentes aos Regimes Próprios de Previsão Social.

Quanto aos atendimentos de saúde, o Acordo prevê assistência médica gratuita na rede hospitalar do governo ao trabalhador deslocado temporariamente, nos termos do inciso 1, art. 6, do referido Acordo, bem como a seus dependentes. Não obstante, os atendimentos de saúde somente serão outorgados ao trabalhador deslocado temporariamente para o território de outros Estados-Partes, bem como para seus familiares e dependentes, se a Entidade Gestora do Estado de origem autorizar esse outorgamento. Os custos que se originem dessa possibilidade serão cobertos pela mesma Entidade Gestora que autorizou a prestação[117].

Assim, no Brasil, o interessado deverá, antes do deslocamento, dirigir-se ao Departamento Nacional de Auditoria do SUS, dependente do Ministério da Saúde do Brasil, e solicitar o Certificado de Direito a Assistência Médica no Estado para onde se deslocará temporalmente.

---

(117) Decreto Legislativo n. 451/2001, art. 6º.

Os acordos internacionais na área de seguridade social são instrumentos jurídicos de que os trabalhadores se utilizam para obter a validade do tempo de contribuição de Estados diferentes, para todos os países que são membros e que, assim, permitem reconhecer os benefícios previdenciários, sendo, desta forma, a maneira de se garantir os direitos dos trabalhadores que estão envolvidos nos movimentos migratórios.

Neste sentido, é imprescindível o destaque para a Convenção 118, da Organização Internacional do Trabalho (OIT), que trata acerca da igualdade de tratamento entre nacionais e estrangeiros, no seu art. 3º, cuja redação é a seguinte:

Art. 3º

§ 1º — Qualquer Membro, para o qual a presente Convenção estiver em vigor, concederá, em seu território, aos nacionais qualquer outro Membro para o qual a referida Convenção estiver igualmente em vigor, o mesmo tratamento que a seus próprios nacionais de conformidade com sua legislação, tanto no atinente à sujeição como ao direito às prestações, em qualquer ramo da previdência social para o qual tenha aceitado as obrigações da Convenção.

§ 2º — No concernente às pensões por morte, esta igualdade de tratamento deverá ademais ser concedida aos sobreviventes dos nacionais de um Membro para o qual a presente Convenção estiver em vigor, independentemente da nacionalidade desses sobreviventes.

§ 3º — Entretanto, no que concerne às prestações de um ramo de previdência social determinado, um Membro poderá derrogar as disposições dos parágrafos precedentes do presente artigo, com respeito aos nacionais de qualquer outro Membro que, embora possua legislação relativa a este ramo, não concede, no referido ramo, igualdade de tratamento aos nacionais do primeiro Membro.[118]

O art. 7º, também da Convenção 118, estipula que os países signatários têm que se esforçar para participar de um sistema de aquisição e reconhecimento de direitos de seguridade social[119]. Dessa forma, é indispensável colocar em prática as iniciativas do poder público para garantir esses direitos. É importante destacar que ficou previsto no Acordo, em seu art. 16, uma Comissão Multilateral Permanente, conforme se descreve:

Art. 16

1. O presente Acordo será aplicado em conformidade com as disposições do Regulamento Administrativo.

2. As Autoridades Competentes instituirão uma Comissão Multilateral Permanente, que deliberará por consenso e onde cada representação estará integrada por até 3 membros de cada Estado-Parte. A Comissão terá as seguintes funções:

a) verificar a aplicação do Acordo, do Regulamento Administrativo e demais instrumentos complementares;

---

(118) Convenção Internacional n. 118, ratificada pelo Brasil através do Decreto Legislativo n. 31, de 20 de agosto de 1968.
(119) *Ibid.*

b) assessorar as Autoridades Competentes;

c) planejar as eventuais modificações, ampliações e normas complementares;

d) manter negociações diretas, por um prazo de 6 meses, a fim de resolver as eventuais divergências sobre a aplicação do Acordo. Vencido o término anterior sem que tenham resolvido as diferenças, qualquer um dos Estados-Partes poderá recorrer ao sistema de solução de controvérsia vigente entre os Estados-Partes do Tratado de Assunção.

3. A Comissão Multilateral Permanente reunir-se-á uma vez por ano, alternadamente em cada um dos Estados-Partes, ou quando o solicite um deles.

4. As Autoridades Competentes poderão delegar a elaboração do Regulamento Administrativo e demais instrumentos complementares à Comissão Multilateral Permanente.

A criação de uma Comissão Multilateral Permanente foi uma inovação interessante trazida pelo Acordo, que tem responsabilidade, entre outras coisas, de monitorar a aplicação do acordo, assessorar as autoridades competentes e planejar eventuais modificações e complementações no mesmo.

3.1. REGULAMENTO ADMINISTRATIVO DO ACORDO MULTILATERAL DE SEGURIDADE SOCIAL DO MERCOSUL

No MERCOSUL, existe distinção entre os ordenamentos jurídicos internos e externos; embora ambos sejam válidos, eles são distintos e independentes. Há total independência entre as normas, e não é possível afirmar que a norma interna está condicionada à norma internacional, pois se caracterizam dois ordenamentos jurídicos distintos[120].

Como característica do MERCOSUL, as decisões tomadas no âmbito dos Acordos Internacionais fica condicionada aos procedimentos internos de cada país integrante do bloco.

O Acordo Multilateral de Seguridade Social do MERCOSUL, assinado em 15 de dezembro de 1997, teve sua vigência fixada em 1º de junho de 2005, com a finalização da fase de ratificação entre os países signatários. No Brasil, o ordenamento interno que regulamenta o Acordo é o Decreto Legislativo n. 451/2001 e o Decreto Regulamentador n. 5.722/2006.

De acordo com o Decreto Regulamentador, "o 'Acordo' designa o Acordo Multilateral de Seguridade Social entre a República Argentina, a República Federativa do Brasil, a República do Paraguai e a República Oriental do Uruguai ou qualquer outro Estado que venha a aderir".[121]

De acordo com o Decreto Legislativo, o mesmo tem duração indefinida, e o Estado-Parte que desejar se desvincular do presente Acordo poderá se desligar a qualquer tempo através da via diplomática, não afetando, obviamente, os direitos

---

(120) KERBER, Gilberto. *Mercosul e supranacionalidade*: um estudo à luz das legislações constitucionais. *Op. cit.*, p. 94.

(121) Decreto Regulamentador n. 5.722/2006, art. 1º.

adquiridos em virtude do Acordo até então firmado. Da mesma forma, mas em sentido contrário, o Acordo estará aberto à adesão, mediante negociação, a aqueles Estados que no futuro aderirem ao Tratado de Assunção, como é o caso da Venezuela, por exemplo.

O Acordo Multilateral de Seguridade Social do MERCOSUL, de acordo com sua ratificação nos países integrantes do bloco, através de seus ordenamentos jurídicos internos, além de prever questões ligadas à Previdência Social, também trouxe informações referentes às prestações de saúde.

Conforme dispõe os arts. 3º e 6º do Acordo ratificado no Brasil, pelo Decreto Legislativo n. 451/2001:

Art. 3º

1. O presente Acordo será aplicado em conformidade com a legislação de seguridade social referente às prestações contributivas pecuniárias e de saúde existentes nos Estados-Partes, na forma, condições e extensão aqui estabelecidas.

2. Cada Estado-Parte concederá as prestações pecuniárias e de saúde de acordo com sua própria legislação.

3. As normas sobre prescrição e caducidade vigentes em cada Estado-Parte serão aplicadas ao disposto neste Artigo.

E ainda,

Art. 6º

1. As prestações de saúde serão outorgadas ao trabalhador deslocado temporariamente para o território de outro Estado-Parte, assim como para seus familiares e assemelhados, desde que a Entidade Gestora do Estado de origem autorize a sua outorga.

2. Os custos que se originem de acordo com o previsto no parágrafo anterior correrão a cargo da Entidade Gestora que tenha autorizado a prestação.

Portanto, o trabalhador deslocado, seus familiares ou assemelhados, para que possam obter as prestações de saúde durante o período de permanência no Estado-Parte em que se encontrarem, deverão apresentar ao Organismo de Ligação o certificado de Deslocamento Temporário, e quando necessitarem de assistência médica de urgência, deverão apresentar, perante a Entidade Gestora do Estado em que se encontram, o certificado expedido pelo Estado de origem.

3.2. MECANISMO DE LIGAÇÃO E O PROCESSAMENTO DAS INFORMAÇÕES SOBRE OS SEGURADOS

De acordo com o art. 2º do Regulamento do Acordo Multilateral de Seguridade Social, são Autoridades Competentes[122] os titulares: na Argentina, do Ministério

---

(122) É o titular do organismo governamental que, conforme a legislação interna de cada Estado-Parte, tem competência sobre o regime de Seguridade Social, art. 1º do Acordo Multilateral de Seguridade Social do Mercado Comum do Sul, e do art. 2º do seu Regulamento.

de Trabalho e Seguridade Social e do Ministério da Saúde e Ação Social; no Brasil, do Ministério da Previdência e Assistência Social e do Ministério da Saúde; no Paraguai, do Ministério da Justiça e do Trabalho e do Ministério da Saúde Pública e Bem-Estar Social; e no Uruguai, do Ministério do Trabalho e da Seguridade Social.

São Entidades Gestoras[123]: na Argentina, a Administração Nacional da Seguridade Social (ANSES), as Caixas ou Institutos Municipais e Provinciais de Previdência, a Superintendência de Administradores de Fundo de Aposentadorias e Pensões, e as Administradoras de Fundos de Aposentadorias e Pensões, no que se refere aos regimes que amparam as contingências de velhice, invalidez e morte baseadas no sistema de reparto ou no sistema de capitalização individual, e a Administração Nacional do Seguro de Saúde (ANSSAL), no que se refere às prestações de saúde; no Brasil, o Instituto Nacional do Seguro Social (INSS) e o Ministério da Saúde; no Paraguai, o Instituto de Previdência Social (IPS); e no Uruguai, o Banco de Previdência Social (BPS).

São Organismos de Ligação[124]: na Argentina, a Administração Nacional da Seguridade Social (ANSES) e a Administração Nacional do Seguro de Saúde (ANSSAL); no Brasil, o Instituto Nacional do Seguro Social (INSS) e o Ministério da Saúde; no Paraguai, o Instituto de Previdência Social (IPS); e no Uruguai, o Banco de Previdência Social (BPS). Os Organismos de Ligação comunicar-se-ão diretamente entre si, assim como com as pessoas interessadas, que se encontrem no seu respectivo território e certificarão, para os fins do Acordo, os períodos de seguro ou contribuição recolhidos no Estado-Parte ao qual pertencem, compreendidos em qualquer dos regimes de Seguridade Social do Estado-Parte, contemplados na sua legislação conforme já está previsto no art. 3º do Acordo.

A correspondência entre as Autoridades Competentes, Organismos de Ligação e Entidades Gestoras dos Estados-Partes será redigida no respectivo idioma oficial do Estado emissor.[125] Até a publicação da Resolução do MPS/INSS n. 136/2010, os organismos de ligação no Brasil eram agências da Previdência, especificamente nos Estados de Manaus, Salvador, Fortaleza, Brasília, Goiânia, Cuiabá, Belo Horizonte, Belém, Curitiba, Recife, Rio de Janeiro, Porto Alegre, Florianópolis e São Paulo, por intermédio das Gerências Executivas.

Entretanto, com a entrada em vigor da norma acima citada, em 31 de dezembro de 2010 a operacionalização de cada Acordo de Previdência Social ficou em um único Organsimo de Ligação no Brasil, conforme Quadro 1, a seguir:

---

(123) Entidades Gestoras são as instituições competentes para outorgar as prestações amparadas pelo Acordo, art. 1º do Acordo Multilateral de Seguridade Social do Mercado Comum do Sul, e do art. 2º do seu Regulamento
(124) Organismos de Ligação são órgãos designados a efetuarem a comunicação com os países acordantes, garantindo o cumprimento das solicitações formuladas no âmbito dos Acordos Internacionais (Resolução MPS/INSS n. 136/2010, art. 1º), e têm o objetivo de facilitar a aplicação do Acordo, adotando as medidas necessárias para lograr sua máxima agilização e simplificação administrativa.
(125) Decreto Legislativo n. 451/2001, art.14.

Quadro 1 — Organismos de Ligação no Brasil para acordos com outros países

Acordo do Brasil com	Organismo de Ligação	Telefone
Portugal & Cabo Verde	Gerência São Paulo Sul APS Vila Mariana	(11) 3503-3607/3608
Espanha	Gerência Rio de Janeiro Centro APS Almirante Barroso	(21) 2272-3515/3438
Itália	Gerência Belo Horizonte APS Santa Efigênia	(31) 3249-4227/4228
MERCOSUL: Argentina, Paraguai e Uruguai	Gerência Florianópolis APS Florianópolis Centro	(48) 3298-8125
Chile	Gerência Recife APS Santo Antônio	(81) 3412-5576/5492
Grécia & Luxemburgo	Gerência Distrito Federal APS Brasília Sul	(61) 3319-2504/2588

Fonte: Anexo I da Resolução MPS/INSS 136/2010.

Observe-se que, no âmbito do MERCOSUL, no Brasil, a gerência de Florianópolis (SC) é responsável atualmente para:

I — solicitar dispensa de contribuição à Previdência Social brasileira de estrangeiros em regime de deslocamento temporário no Brasil, bem como para os casos previstos nas regras de exceção e opção;

II — solicitar dispensa de contribuição à Previdência Social relativa aos países acordantes para brasileiro que, temporariamente, preste serviço naqueles países, bem como para os casos que se enquadrarem nas regras de exceção;

III — emitir os formulários de Ligação, Certificados de Deslocamento Temporário e respectivas prorrogações; informar aos países acordantes sobre as decisões proferidas, resultantes da análise das solicitações referentes aos processos de benefícios no âmbito dos Acordos Internacionais; e,

IV — encaminhar aos países acordantes as informações sobre a situação do segurado junto à Previdência Social brasileira, quando requeridas, bem como prestar atendimento às demais solicitações apresentadas pelos países signatários dos Acordos Internacionais[126].

A Resolução esclarece, em seu art. 4º, que os antigos Organismos de Ligação (Manaus, Salvador, Fortaleza, Brasília, Goiânia, Cuiabá, Belo Horizonte, Belém, Curitiba, Recife, Rio de Janeiro, Porto Alegre, Florianópolis e São Paulo) deverão transferir os processos em análise que não puderem ser concluídos no prazo de 120 dias, contados da publicação da Resolução (31/12/2010), para os novos Organismos de Ligação constantes do Quadro 1 (Anexo 1 da Resolução 136/2010), considerando-se a nova distribuição das atividades dos Acordos Internacionais. In-

---

(126) Resolução MPS/INSS n. 136/2010, art. 3º.

forma, ainda, que os processos não concluídos no prazo de 120 dias, por falta de respostas do Organismo estrangeiro, deverão ser encaminhados ao Organismo de Ligação competente, com cópia dos ofícios expedidos ao exterior.

Um dos grandes desafios para os países-membros está na coordenação de procedimentos administrativos que possibilitem de forma ágil a operacionalização do acordo multilateral. Para atingir esse objetivo, as instituições, em conjunto com a Organização Ibero-Americana de Seguridade Social (OISS), entenderam ser de extrema importância a realização de projeto visando à criação da Base Única de Seguridade Social do MERCOSUL (BUSS).[127]

Por intermédio da OISS, recursos financeiros foram disponibilizados pelo Banco Interamericano de Desenvolvimento (BID) aos países-membros, exceto ao Brasil[128], para desenvolvimento do projeto. Em contrapartida, o Brasil, por meio da Empresa de Tecnologia e Informações da Previdência Social (Dataprev), assumiu o compromisso de desenvolver o sistema de intercâmbio de informação e validação de dados em matéria de seguridade social.[129]

No 5º Encontro de Cortes Supremas do MERCOSUL, realizado nos dias 8 e 9 de novembro de 2007, em Brasília (no qual debates foram realizados no Supremo Tribunal Federal, e, além dos ministros do STF, o evento contou com a presença de presidentes das Cortes Supremas dos países do MERCOSUL e associados, além de secretários da área previdenciária dos governos brasileiro, argentino, paraguaio e uruguaio), foi divulgado pelo então secretário de Políticas de Previdência Social do Brasil, Helmut Schwarzer, a criação de uma rede eletrônica com dados de contribuintes da previdência dos quatro países para facilitar a concessão dos benefícios a estrangeiros.

Segundo Helmut[130], essa iniciativa poderá evitar que os tribunais dos países do MERCOSUL recebam ações sobre o assunto.

O início da operacionalização do Sistema de Transferência e Validação de Dados dos países integrantes do Acordo Multilateral de Seguridade Social do MERCOSUL tem o intuito de permitir aos países um acompanhamento mais rápido e eficaz das informações dos trabalhadores que circulam no bloco. O sistema criado pelo corpo técnico da Dataprev[131] permite gerar formulários para preenchimento dos dados pessoais do beneficiário, dependentes e representantes legais e dos períodos de vínculos empregatícios e contribuição previdenciária[132].

---

(127) Informação constante do livro: ELIAS, Aparecida Rosangela (Org,). *Atuação Governamental e Políticas Internacionais de Previdência Social. Op. cit.*, p. 33.
(128) Em razão da legislação interna, o Brasil apresenta dificuldades em internalizar recursos do BID.
(129) ELIAS, Aparecida Rosangela (Org,). *Loc. cit.*
(130) Disponível em: <http://oglobo.globo.com/economia/mat/2007/11/09/327102998.asp>. Acesso em: 20/07/2009.
(131) Empresa de Tecnologia que presta serviços de tecnologia da informação ao INSS.
(132) ELIAS, Aparecida Rosangela (Org,). *Atuação Governamental e Políticas Internacionais de Previdência Social. Op. cit.*, p. 33.

As informações circularão simultaneamente entre os países nos quais o cidadão trabalhou formalmente. A utilização do sistema poderá ser estendida a todos os países com os quais o Brasil mantém acordo internacional, para concessão de aposentadoria, pensão e auxílios[133]. Pelo novo sistema, que foi desenvolvido utilizando-se tecnologia de ponta, *software* livre e certificação digital — que garante o alto nível de segurança da informação —, os recursos serão repassados ao sistema previdenciário do país onde o trabalhador está e, a partir disso, ele receberá pessoalmente o valor do seu benefício.

Segundo João Donadon[134], todo o trâmite será eletrônico e os recursos serão repassados ao outro país em remessa única. Se algum benefício não for sacado pelo segurado, o dinheiro será devolvido ao órgão responsável pela política previdenciária do país de origem[135].

O Sistema de Acordos Internacionais (Siaci) encontra-se em operação desde julho de 2008[136]. A ferramenta tem permitido a rápida transmissão, via internet, de formulários destinados à troca de informações de tempo de serviço e concessão de benefícios para os trabalhadores migrantes dos países signatários do MERCOSUL.

A qualquer momento é possível consultar e conferir as transações efetuadas, reduzindo-se progressivamente a utilização de documentos em papel. Pelo documento, trabalhadores do Brasil, Argentina, Uruguai e Paraguai podem incluir, no cálculo de suas aposentadorias, o tempo que trabalharam em outro país, além da concessão de outros benefícios.[137]

3.3. NORMAS PARA SOLICITAÇÃO DOS BENEFÍCIOS PELO ACORDO MULTILATERAL DE SEGURIDADE SOCIAL DO MERCOSUL

Cidadãos originários de um dos países signatários que trabalhem em outro país têm a garantia de — em função do Acordo Multilateral — não perder os direitos previdenciários e o direito à saúde. Isso significa que esses trabalhadores podem requerer benefícios previstos no regime geral de previdência social do país onde estiverem residindo, assim como o tempo de contribuição. É o que diz o art. 7º do Acordo[138]:

---

(133) *Ibid.*
(134) Diretor do Regime Geral de Previdência Social do Brasil.
(135) Informação extraída do *site*: <http://www.notadez.com.br>. Acesso em: 07.04.2011.
(136) Disponível em: <http://portal.dataprev.gov.br/2009/07/26/siaci-sistemas-de-acordos-internacionais>. Acesso em: 15.08.2009.
(137) *Idem.*
(138) Decreto Legislativo n. 451/2001, art. 7º.

Art. 7º

[...] os períodos de seguro ou contribuição cumpridos nos territórios dos Estados-Partes serão considerados, para a concessão das prestações por velhice, idade avançada, invalidez ou morte, na forma e nas condições estabelecidas no Regulamento Administrativo.

Um cidadão uruguaio que trabalhe no Brasil, por exemplo, terá direito aos benefícios de saúde e da previdência social, de acordo com legislação brasileira, e consideradas as contribuições efetuadas no Uruguai. Diante disso, constata-se que o Acordo utiliza como regra geral o princípio da territorialidade, o que significa que, no momento do requerimento da prestação ou benefício, vale a legislação do país em que o trabalhador estiver exercendo sua atividade laboral.[139]

Há algumas exceções previstas no próprio texto do Acordo, a exemplo dos membros da tripulação de navio de bandeira de um dos Estados-Partes. Nesse caso, eles permanecem sujeitos à legislação do Estado em cujo território a empresa tenha sua sede. Conforme dispõe os arts. 4º e 5º do Acordo, o trabalhador estará submetido à legislação do Estado-Parte em cujo território exerça a atividade laboral com as seguintes exceções[140]:

Art. 5º

O princípio estabelecido no art. 4 tem as seguintes exceções:

a) o trabalhador de uma empresa com sede em um dos Estados-Partes que desempenhe tarefas profissionais, de pesquisa, científicas, técnicas ou de direção, ou atividades similares, e outras que poderão ser definidas pela Comissão Multilateral Permanente prevista no art. 16, Parágrafo 2, e que seja deslocado para prestar serviços no território de outro Estado, por um período limitado, continuará sujeito à legislação do Estado-Parte de origem até um prazo de doze meses, suscetível de ser prorrogado, em caráter excepcional, mediante prévio e expresso consentimento da Autoridade Competente do outro Estado-Parte;

b) o pessoal de voo das empresas de transporte aéreo e o pessoal de trânsito das empresas de transporte terrestre continuarão exclusivamente sujeitos à legislação do Estado-Parte em cujo território a respectiva empresa tenha sua sede;

c) os membros da tripulação de navio de bandeira de um dos Estados-Partes continuarão sujeitos à legislação do mesmo Estado. Qualquer outro trabalhador empregado em tarefas de carga e descarga, conserto e vigilância de navio, quando no porto, estará sujeito à legislação do Estado-Parte sob cuja jurisdição se encontre o navio;

2. Os membros das representações diplomáticas e consulares, organismos internacionais e demais funcionários ou empregados dessas representações serão regidos pelas legislações, tratados e convenções que lhes sejam aplicáveis.

Diante destas situações, a Comissão Multilateral Permanente do Acordo de Seguridade Social do MERCOSUL aprovou e publicou a Resolução 1/2005, em reunião realizada em Buenos Aires, no ano de 2005, com o objetivo de estabelecer

---

(139) Informação constante do livro: ELIAS, Aparecida Rosangela (Org,). *Atuação Governamental e Políticas Internacionais de Previdência Social. Op. cit.*, p. 58.
(140) Decreto 451/2001, art. 5º.

critérios para aplicação do Acordo, como tentar dirimir questões controvérsias, trazendo em seu art. 3º a informação que reafirma a legislação aplicável ao trabalhador que se encontra nos Estados-Partes:

> 1. No caso dos trabalhadores transferidos para território de outro Estado-Parte, previsto no art. 5º número l. a) do Acordo, o Organismo de Ligação do Estado, no qual está domiciliado o empregador ou a instituição que dito Órgão determine para tal fim, remeterá cópia do certificado a que se refere o art. 3º do Regulamento Administrativo ao Organismo de Ligação do Estado-Parte a que se destina o trabalhador.
>
> 2. Dito certificado constituirá a prova de que não são de aplicação ao mencionado trabalhador transferido as disposições de Seguridade Social do lugar de destino.[141]

Ainda, o art. 7º do Regulamento Administrativo mais uma vez ressalta a regra aplicável, informando que as prestações a que os trabalhadores têm direito devem ter amparo na legislação de cada um dos Estados-Partes de prestação de serviços[142]:

> **Art. 7º**
>
> As prestações a que os trabalhadores, seus familiares e dependentes tenham direito, ao amparo da legislação de cada um dos Estados-Partes, serão pagas de acordo com as normas seguintes:
>
> 1. Quando se reúnam as condições requeridas pela legislação de um Estado-Parte para se ter direito às prestações sem que seja necessário recorrer à totalização de períodos prevista no Titulo VI do Acordo, a Entidade Gestora calculará a prestação em virtude unicamente do previsto na legislação nacional que se aplique, sem prejuízo da totalização que possa solicitar o beneficiário.
>
> 2. Quando o direito a prestações não se origine unicamente com base nos períodos de seguro ou contribuição cumpridos no Estado Contratante de que se trate, a liquidação da prestação deverá ser feita tomando-se em conta a totalização dos períodos de seguro ou contribuição cumpridos nos outros Estados-Partes.
>
> 3. Caso seja aplicado o parágrafo precedente, a Entidade Gestora determinará, em primeiro lugar, o valor da prestação a que o interessado ou seus familiares e assemelhados teriam direito como se os períodos totalizados tivessem sido cumpridos sob sua própria legislação e, em seguida, fixará o valor da prestação em proporção aos períodos cumpridos exclusivamente sob tal legislação.

Note-se que a norma legal traz, em seu texto, o termo *trabalhador*, mas quem seria este trabalhador a quem a norma se refere? Tendo em vista que "empregado" é espécie do gênero trabalhador, isso permite concluir que todo empregado é trabalhador, mas nem todo trabalhador é empregado[143].

Em face do que se observa no Acordo, está assegurado pelo Acordo Multilateral de Seguridade Social o *trabalhador empregado*, ou seja, aquele que

---

(141) Resolução CMP n.1/2005.
(142) Decreto 5.722/2006, art. 7º.
(143) Disponível em: <http://buenoecostanze.adv.br/index.php?option=com_content&task=view&id=4642&Itemid=96>. Acesso em: 20.03.2011.

tem vínculo empregatício com o empregador. Os trabalhadores autônomos, por exemplo, estão fora da cobertura previdenciária, se estiverem trabalhando nos Estados-Partes. Esta informação foi ressaltada no livro de estudos organizado pelo Ministério da Previdência Social, quando assim informa:

> Cabe ainda ressaltar que o Acordo protege somente aqueles trabalhadores que estiverem prestando serviço regularmente em um dos Estados-Partes; o trabalhador informal, que não possui filiação previdenciária, não está, portanto, incluído nessa proteção[144].

Portanto, uma vez considerado trabalhador empregado, este poderá pleitear benefícios previdenciários observando os critérios trazidos nos termos do Acordo Multilateral de Seguridade Social do MERCOSUL. É importante destacar, neste sentido, que o custo dos benefícios concedidos em virtude do Acordo é rateado entre os países em que o trabalhador contribuiu, proporcionalmente ao seu tempo de contribuição em cada um deles. Ou seja, é utilizada a sistemática da totalização, e o custo é rateado de forma diretamente proporcional ao tempo de filiação em cada sistema previdenciário, de modo que não haja desequilíbrio financeiro para o Estado-Parte que estiver concedendo o benefício[145].

Em se tratando de acordo internacional previdenciário, a forma mais comum é a divisão de encargos entre os países contratantes. Há o estabelecimento de uma relação proporcional de encargo. Cada país assume uma parte do total, fazendo o segurado jus a um benefício que resulta da soma das responsabilidades de cada Estado. O benefício é pago geralmente pelo país concessor, sendo que há um ajuste de contas entre os países celebrantes do tratado.[146]

As Entidades Gestoras pagarão diretamente aos beneficiários as prestações compreendidas no Acordo, na forma determinada por cada Estado-Parte.

Para obter a concessão das prestações, os trabalhadores ou seus familiares e assemelhados deverão apresentar solicitação, em formulário especial, ao Organismo de Ligação do Estado em que residirem. Ou se residentes no território de outro Estado, deverão dirigir-se ao Organismo de Ligação do Estado-Parte sob cuja legislação o trabalhador se encontrava assegurado no último período de seguro ou contribuição.

As solicitações dirigidas a Autoridades Competentes ou Entidades Gestoras de qualquer Estado-Parte onde o interessado tenha períodos de seguro, contribuição ou residência produzirão os mesmos efeitos como se tivessem sido entregues ao Organismo de Ligação previsto nos países de residência.

---

(144) Informação constante do livro: ELIAS, Aparecida Rosangela (Org,). *Atuação Governamental e Políticas Internacionais de Previdência Social. Op. cit.*, p. 59.
(145) *Loc. cit.*
(146) MARTINEZ, Wladimir Novaes. *Curso de direito previdenciário.* 3. ed. São Paulo: LTr, 2005. p. 244.

As Autoridades Competentes ou Entidades Gestoras receptoras serão obrigadas a enviá-las ao Organismo de Ligação competente, informando as datas em que as solicitações foram apresentadas.[147]

O interessado que deseje solicitar os benefícios previdenciários no Brasil, ou seja, aqueles previstos no Acordo Multilateral, deverá dirigir-se à Agência de Previdência Social mais próxima, com a documentação necessária para obter um benefício comum, além da documentação que comprove sua atividade no país que assinou o Acordo. Tal documentação será enviada pelo organismo de conexão brasileiro para o organismo de conexão do país membro do Acordo, que reconhecerá ou não o período de contribuição alegado pelo interessado naquele país.

O trabalhador ficará sujeito ao regime previdenciário do país onde esteja prestando serviço, exceto nos casos em que o trabalhador esteja sob a tutela do Certificado de Deslocamento Temporário, e sempre que esteja dentro do prazo autorizado, ainda que seja prorrogado. Assim, nos termos do inciso 1 do art. 3º, o Acordo será aplicado em conformidade com a legislação de seguridade social referente aos regimes tributáveis pecuniários e de saúde existentes nos Estados-Partes, na forma, condições e extensão que estipula[148].

É importante ressaltar que o Acordo Multilateral do MERCOSUL inova ao conceder também disposições aplicáveis a regimes de aposentadoria e pensões de capitalização individual. O Acordo será aplicável também aos trabalhadores filiados a um regime de aposentadoria e pensões de capitalização individual estabelecido por algum dos Estados-Partes, para a obtenção das aposentadorias por velhice, idade avançada, invalidez ou morte.[149]

Ademais, os Estados-Partes e os eventuais futuros aderentes ao Acordo poderão estabelecer mecanismos de transferências de fundos para os fins de obtenção das referidas aposentadorias e demais benefícios, sendo necessário que as administradoras de fundos ou empresas seguradoras deem cumprimento aos mecanismos que o Acordo Multilateral prevê.[150] Tais transferências se darão quando o interessado comprove direito à obtenção das aposentadorias, quando a informação aos filiados será proporcionada nos termos da legislação de cada Estado-Parte, caso em que no Brasil não ocorre.

3.3.1 O perfil do INSS na operacionalização do Acordo Multilateral de Seguridade Social

O Instituto Nacional do Seguro Social (INSS) é uma autarquia do governo federal do Brasil que recebe as contribuições para a manutenção do Regime Geral

---

(147) Informação constante do livro: ELIAS, Aparecida Rosangela (Org.). *Atuação Governamental e Políticas Internacionais de Previdência Social. Op. cit.*, p. 59.
(148) *Loc. cit.*
(149) Decreto Legislativo n. 451/2001, que aprova o Acordo Multilateral de Seguridade Social, art. 9º.
(150) Nota Técnica n. 20/2005 DRPSP/SPS/MPS.

da Previdência Social, sendo responsável pela concessão dos benefícios previdenciários previstos na Lei n. 8.213/91. O INSS trabalha junto com a Dataprev, empresa de tecnologia que faz o processamento de todos os dados da previdência e está subordinado ao Ministério da Previdência Social.

De acordo com o Regulamento Administrativo (art. 2º), no Brasil, a instituição competente e reconhecida para outorgar as prestações amparadas pelo Acordo, no âmbito do acordo como Entidade Gestora e Organismo de Ligação, é o INSS (para as prestações previdenciárias) e o Ministério da Saúde (para as prestações de saúde). Ou seja, no Brasil, o Órgão Gestor é o INSS, que operacionaliza os Acordos através dos Organismos de Ligação, instruindo os processos pela gerência executiva responsável, que no caso do MERCOSUL é a agência com responsabilidade da Gerência Executiva de Florianópolis — Santa Catarina.

3.3.2. Deslocamento temporário — Formulários

As empresas que apresentam o intuito de deslocar temporariamente seus empregados ao exterior devem fazê-lo mediante Certificado de Deslocamento Temporário, em que o segurado é isento de contribuir no país contratante aonde for trabalhar, na forma prevista em cada Acordo, permanecendo sujeito à legislação previdenciária brasileira, mas garantindo seus direitos no outro país. Este será o documento hábil necessário para que o INSS averigue a documentação da empresa.

Durante o prazo do deslocamento temporário, o trabalhador terá direito à assistência médica da rede oficial do governo do País Acordante. O art. 3º do regulamento administrativo assim informa sobre o deslocamento temporário[151]:

Art. 3º

1. Para os casos previstos na alínea "1 a" do art. 5º do Acordo, o Organismo de Ligação expedirá, mediante solicitação da empresa do Estado de origem do trabalhador que for deslocado temporariamente para prestar serviços no território de outro Estado, um certificado no qual conste que o trabalhador permanece sujeito à legislação do Estado de origem, indicando os familiares e assemelhados que o acompanharão nesse deslocamento. Cópia de tal certificado deverá ser entregue ao trabalhador.

2. A empresa que deslocou temporariamente o trabalhador comunicará ao Organismo de Ligação do Estado que expediu o certificado, neste caso, a interrupção da atividade prevista na situação anterior.

3. Para os efeitos estabelecidos na alínea "1a" do art. 5º do Acordo, a empresa deverá apresentar a solicitação de prorrogação perante a Entidade Gestora do Estado de origem. A Entidade Gestora do Estado de origem expedirá o certificado de prorrogação correspondente, mediante consulta prévia e expresso consentimento da Entidade Gestora do outro Estado.

---

(151) Decreto 5.722/2006, art. 3º.

4. A empresa apresentará as solicitações a que se referem os Parágrafos 1 e 3 com trinta dias de antecedência mínima da ocorrência do fato gerador. Em caso contrário, o trabalhador ficará automaticamente sujeito, a partir do início da atividade ou da data de expiração do prazo autorizado, à legislação do Estado em cujo território continuar desenvolvendo suas atividades.

Apenas nos Acordos Brasil/Espanha e Brasil/Grécia está previsto Deslocamento Temporário para trabalhadores autônomos.

O segurado deve levar consigo uma via do Certificado de Deslocamento[152]. O período de deslocamento poderá ser prorrogado, observados os prazos e as condições fixados em cada Acordo. No caso de solicitação de prorrogação de transferências temporárias, esta deverá ser apresentada junto ao Órgão de Ligação que concedeu o certificado de transferência, com a devida antecedência em relação ao vencimento do período de transferência temporária que se houver concedido. Caso contrário, o trabalhador transferido ficará automaticamente sujeito, a partir do vencimento do prazo original, à legislação do Estado-Parte em cujo território continua prestando serviços.

Assim dispõe o art. 5º do Anexo II da Resolução CMP n. 01/2005:

[...]

a) O prazo dos deslocamentos temporários previstos pelo inciso 1 do art. 5º do Acordo Multilateral poderá ser prorrogado por um prazo total maior de doze meses, previamente autorizado pela Autoridade Competente ou instituição delegada do Estado receptor; (alínea acrescentada pela Resolução CMP n. 5, de 31.07.2007)

b) Tanto o prazo original quanto o de prorrogação poderão ser utilizados de forma fracionada; (alínea acrescentada pela Resolução CMP n. 5, de 31/07/2007)

c) Em virtude do caráter excepcional do regime de deslocamentos temporários, uma vez utilizado o prazo máximo de vinte e quatro meses, não poderá ser concedido ao mesmo trabalhador um novo período de amparo a este regime. (alínea acrescentada pela Resolução CMP n. 5, de 31.07.2007)

2. Para os fins da alínea "a" do art. 5º do Acordo, serão consideradas como tarefas profissionais, de pesquisa, científicas, técnicas ou de direção, aquelas relacionadas a situações de emergência, transferência de tecnologia, prestação de serviços, de assistência técnica, funções de direção geral, de gerenciamento, de supervisão, de assessoramento a funções superiores da empresa, de consultoria especializada e similares. (parágrafo acrescentado pela Resolução CMP n. 5, de 31.07.2007)

3. É facultado ao Estado-Parte receptor dos trabalhadores deslocados temporariamente solicitar que, além do certificado previsto no art. 3º do Ajuste Administrativo, seja apresentada documentação que certifique que o trabalhador possui qualificação ou as qualidades exigidas pela alínea "a" do inciso 1 do art. 5º do Acordo Multilateral de Seguridade Social do MERCOSUL, assim como declaração da empresa receptora relativa à atividade que será desempenhada pelo trabalhador no território do Estado-Parte receptor. (parágrafo acrescentado pela Resolução CMP n. 5, de 31.07.2007)[153]

---

(152) Informações disponíveis em: <http://www.previdenciasocial.gov.br/conteudoDinamico.php?id=111>. Acesso em: 10.04.2011.
(153) Art. 5º da Resolução n. 1/2005 da Comissão Multilateral Permanente do Acordo de Seguridade Social do MERCOSUL, atualizada pela Resolução n. 7/2007 da mesma comissão.

Os segurados, seus familiares e assemelhados que desejem fazer valer direitos às prestações deverão apresentar a respectiva solicitação junto à Entidade Gestora competente do Estado-Parte onde residam ou tenham realizado sua última atividade. Os formulários de Solicitação, Deslocamento Temporário e Prorrogação do Deslocamento Temporário encontram-se no Anexo 4.

3.3.3 Totalização de períodos de tempo de contribuição

Os períodos de seguro ou contribuição cumpridos nos territórios dos Estados-Partes serão considerados para a concessão das prestações por velhice, idade avançada, invalidez ou morte, na forma e nas condições estabelecidas no Regulamento Administrativo. Assim dispõe o Regulamento Administrativo sobre a totalização do tempo de contribuição[154]:

Art. 6º

1. De acordo com o previsto no art. 7º do Acordo, os períodos de seguro ou contribuição cumpridos no território dos Estados-Partes serão considerados, para a concessão das prestações por velhice, idade avançada, invalidez ou morte, observando as seguintes regras:

a) Cada Estado-Parte considerará os períodos cumpridos e certificados por outro Estado, desde que não se superponham, como períodos de seguro ou contribuição, conforme sua própria legislação;

b) Os períodos de seguro ou contribuição cumpridos antes do início da vigência do Acordo serão considerados somente quando o trabalhador tiver períodos de trabalho a cumprir a partir dessa data;

c) O período cumprido em um Estado-Parte, sob um regime de seguro voluntário, somente será considerado quando não for simultâneo a um período de seguro ou contribuição obrigatório cumprido em outro Estado.

2. Nos casos em que a aplicação do parágrafo 2º do art. 7 do Acordo venha exonerar de suas obrigações a todas as Entidades Gestoras competentes dos Estados-Partes envolvidos, as prestações serão concedidas ao amparo, exclusivamente, do último dos Estados-Partes aonde o trabalhador reúna as condições exigidas por sua legislação, com prévia totalização de todos os períodos de seguro ou contribuição cumpridos pelo trabalhador em todos os Estados-Partes.

Caso o trabalhador não tenha reunido a comprovação do tempo mínimo de 12 meses, somente será computável os serviços prestados em outro Estado que tenha celebrado acordos bilaterais ou multilaterais de Seguridade Social com qualquer dos Estados-Partes. E se somente um dos Estados-Partes tiver concluído um acordo de seguridade com outro país, será necessário que tal Estado-Parte assuma como próprio o período de seguro ou contribuição cumprido neste terceiro país.[155]

---

(154) Decreto 5.722/2006, art. 6º.
(155) Decreto Legislativo 451/2001, que aprova o Acordo Multilateral de Seguridade Social, art. 7º.

A aplicação desta norma pode vir a exonerar de suas obrigações todas as Entidades Gestoras competentes dos Estados-Partes envolvidos, uma vez que as prestações serão concedidas ao amparo, exclusivamente, do último dos Estados--Partes onde o trabalhador reúna as condições exigidas por sua legislação, com prévia totalização de todos os períodos de seguro ou contribuição cumpridos em todos os Estados-Partes.[156]

As prestações a que os trabalhadores, seus familiares e dependentes têm direito, ao amparo da legislação de cada um dos Estados-Partes, serão pagas de acordo com as normas seguintes[157]:

> I — Quando se reúnam as condições requeridas pela legislação de um Estado-Parte para se ter direito às prestações sem que seja necessário recorrer à totalização de períodos, a Entidade Gestora calculará a prestação em virtude unicamente do previsto na legislação nacional que se aplique, sem prejuízo da totalização que possa solicitar o beneficiário;
>
> II — Quando o direito a prestações não se origine unicamente com base nos períodos de contribuição cumpridos no Estado Contratante, a liquidação da prestação deverá ser feita tomando-se em conta a totalização dos períodos de seguro ou contribuição cumpridos nos outros Estados-Partes; e
>
> III — Caso a totalização dos períodos acorra conforme o item II, caberá à Entidade Gestora determinar o valor da prestação a que o interessado tem direito, como se os períodos totalizados tivessem sido cumpridos sob sua própria legislação, e fixar o valor da prestação em proporção aos períodos cumpridos exclusivamente sob tal legislação.

As Autoridades Competentes ou Entidades Gestoras receptoras de solicitações de obtenção de concessão, por parte dos trabalhadores, familiares e assemelhados, obrigar-se-ão a enviá-las, sem demora, ao Organismo de Ligação competente, informando as datas em que as solicitações foram apresentadas.[158] Neste sentido, os arts. 9º e 10º do Regulamento Administrativo assim estabelecem[159]:

> **Art. 9º**
>
> 1. Para o trâmite das solicitações das prestações pecuniárias, os Organismos de Ligação utilizarão um formulário especial no qual serão consignados, entre outros, os dados de filiação do trabalhador ou, conforme o caso, de seus familiares e assemelhados, conjuntamente com a relação e o resumo dos períodos de seguro ou contribuição cumpridos pelo trabalhador nos Estados-Partes.
>
> 2. O Organismo de Ligação do Estado onde se solicita a prestação avaliará, se for o caso, a incapacidade temporária ou permanente, emitindo o certificado correspondente, que acompanhará os exames médico-periciais realizados no trabalhador ou, conforme o caso, de seus familiares e assemelhados.

---

(156) ALVES, Carlos Marne Dias. *A Previdência no MERCOSUL*. Dissertação (Mestrado em Direito das Relações Internacionais) — UniCEUB, Brasília, 2006, p. 162.
(157) Regulamento Administrativo art. 8º.
(158) Regulamento Administrativo art. 8º.
(159) Decreto 5.722/2006, arts. 9º e 10.

3. Os laudos médico-periciais do trabalhador consignarão, entre outros dados, se a incapacidade temporária ou invalidez é conseqüência de acidente do trabalho ou doença profissional, e indicarão a necessidade de reabilitação profissional.

4. O Organismo de Ligação do outro Estado pronunciar-se-á sobre a solicitação, em conformidade com sua respectiva legislação, considerando-se os antecedentes médico-periciais praticados.

5. O Organismo de Ligação do Estado onde se solicita a prestação remeterá os formulários estabelecidos ao Organismo de Ligação do outro Estado.

Art. 10

1. O Organismo de Ligação do outro Estado preencherá os formulários recebidos com as seguintes indicações:

a) períodos de seguro ou contribuição creditados ao trabalhador sob sua própria legislação;

b) o valor da prestação reconhecida de acordo com o previsto no Parágrafo 3 do art. 7º do presente Regulamento Administrativo.

2. O Organismo de Ligação indicado no parágrafo anterior remeterá os formulários devidamente preenchidos ao Organismo de Ligação do Estado onde o trabalhador solicitou a prestação.

Observa-se, portanto, que os trabalhadores e seus familiares poderão requerer benefícios previstos no regime geral de previdência social do país onde estiverem residindo, sendo computados também o tempo de contribuição do país de origem e, em alguns casos, até mesmo o tempo de contribuição em países não signatários do acordo, desde que esses tenham acordo com qualquer um dos Estados-Partes.

Destaca-se, no entanto, que, se o acordo do país não signatário for com apenas um dos Estados-Partes, esse deverá reconhecer como próprios os serviços prestados naquele[160]. Este instituto não é nenhuma novidade para o INSS. De acordo com a Lei n. 9.796/1999, adota-se procedimento semelhante com os regimes próprios de previdência dos servidores públicos, quando se faz a totalização do tempo de contribuição e a divisão pró-rata do valor pago ao segurado, chamando este instituto de Contagem Recíproca do Tempo de Contribuição.

---

(160) Nota técnica elaborada pela Coordenação-Geral de Estudos Previdenciários da Secretaria de Políticas de Previdência Social — CGEP/SPS (NOTA TÉCNICA n. 20/2005 DRPSP/SPS/MPS).

CONCLUSÃO

O objeto problematizado na presente obra foi o de verificar como os Estados-Partes do MERCOSUL estão se estruturando para garantir assistência previdenciária aos trabalhadores que porventura tenham se vinculado a sistemas previdenciários de diferentes países durante sua vida laboral.

Questões sobre integração previdenciária acabam sendo necessárias no atual cenário de globalização da economia, de formação de blocos regionais e do aumento do fluxo migratório, principalmente da ampliação da liberdade de circulação de trabalhadores, para assegurar-lhes segurança na sua proteção social previdenciária.

A Previdência Social, espécie do gênero Seguridade Social, surgiu como uma ferramenta do Estado para proteger as pessoas que, em condições de trabalho, não se preparam para períodos de incapacidade de trabalho, como doença, invalidez ou velhice. Então, o Estado, com o objetivo de proteger os indivíduos e diminuir os riscos de arcar futuramente com situações de miséria e pobreza, serve como distribuidor de renda, exigindo contribuições dos trabalhadores para futuramente pagar-lhes benefícios previdenciários.

Na atual conjuntura, a intervenção do Estado na sociedade a fim de estruturar e garantir proteção previdenciária é imprescindível, e com a globalização não é diferente, o cômputo de tempo de serviço desenvolvido no exterior, para fins de obtenção de benefício previdenciário no Brasil, exige regramento particular, no âmbito do direito internacional.

A possibilidade de reconhecimento, no Brasil, do labor desenvolvido em qualquer um dos países integrantes do MERCOSUL, e vice-versa, tem assento, atualmente, no Acordo Multilateral de Seguridade Social do Mercado Comum do Sul, assinado em 15 de dezembro de 1997 por representantes dos componentes originários do bloco (Brasil, Argentina, Uruguai e Paraguai), que, consoante seu art. 17º, item 4, apenas derrogou os ajustes bilaterais celebrados entre os Estados-Partes.

Entretanto, é importante destacar que, antes da entrada em vigor do Acordo Multilateral de Seguridade Social, existiam acordos bilaterais de previdência social do Brasil com vários países, inclusive com integrantes do MERCOSUL. Diante disso, destaca-se o disposto no art. 8º do Acordo Multilateral de Seguridade Social, que informa que "[...] os períodos de seguro ou contribuição cumpridos antes da vigência do presente Acordo serão considerados desde que estes não tenham sido utilizados anteriormente na concessão de prestações pecuniárias em outro país."[161]

O Acordo Multilateral de Seguridade Social do MERCOSUL entrou em vigor, no plano internacional, em 1 de junho de 2005, consoante disposição de seu art. 17º, tendo sido publicado no Brasil, por meio do Decreto n. 5.722 do Presidente da República, somente em 13 de março de 2006. Houve, no decorrer da pesquisa, grandes dificuldades de obtenção de dados específicos junto à autarquia federal (INSS), embora já esteja sendo utilizado o sistema de informações de acordos internacionais (SIACI), criado pela DATAPREV, empresa de tecnologia da Previdência Social brasileira, desde julho de 2008.

Mesmo assim, a pesquisa levou ao entendimento de que a possibilidade de reconhecimento de trabalho para fins de benefício previdenciário realizado nos países do MERCOSUL, regulada pelo Acordo Multilateral de Seguridade Social do MERCOSUL, internalizado pelo Decreto n. 5.722/2006, trata de garantir aos brasileiros que trabalham nos países signatários do Acordo a mesma proteção que é assegurada aos cidadãos daquele país. Ou seja, o brasileiro que trabalha na Argentina, por exemplo, vai ter direito, por conta daquela norma, de perceber os benefícios que a legislação previdenciária argentina assegura aos demais trabalhadores que têm aquela nacionalidade.

Por outro lado, se o trabalhador quer pleitear o benefício no Brasil, o aproveitamento do serviço prestado naquele país somente é possível na forma prevista no parágrafo 3 do art. 7º do Regulamento, ou seja, é preciso que o Estado no qual foi prestado o serviço reconheça, em face da sua legislação, quais os "períodos de seguro ou contribuição creditados ao trabalhador sob sua própria legislação".[162]

A proteção prevista no Acordo, como a contagem do tempo de serviço e as demais prestações previdenciárias e de saúde, apenas está garantida para trabalhadores empregados, ou seja, aqueles que possuem vínculo empregatício com algum empregador; os demais trabalhadores, como autônomos, domésticos, rurais, que no Brasil são também chamados de segurados especiais, não estão protegidos pelo Acordo e não podem se beneficiar do tempo de serviço prestado fora de seu país de origem, mesmo que comprovem contribuição do período.

Fica demonstrada que a Proteção Previdenciária prevista no Acordo Multilateral de Seguridade Social do MERCOSUL apresentou avanços no âmbito da proteção social dos trabalhadores empregados que circulam no Bloco, mas ainda necessita de ajustes para a garantia completa de todos os trabalhadores que prestam serviços no Brasil, Argentina, Paraguai e Uruguai.

---

(161) Decreto Legislativo 451/2001, art 8º.
(162) Decreto 5.722/2006, art. 10º.

REFERÊNCIAS

ACORDO multilateral de seguridade social do mercado comum do sul; REGULAMENTO administrativo para a aplicação de seguridade social do mercado comum do sul (Brasil). Disponível em: <http://www2.mre.gov.br/dai/m_5722_2006.html>.

ALVES, Carlos Marne Dias. *A Previdência no MERCOSUL*. Dissertação (Mestrado em Direito das Relações Internacionais) — UniCEUB, Brasília, 2006, p. 162.

ALMEIDA, Paulo Roberto de. *Mercosul*: fundamentos e perspectivas. São Paulo: LTr, 1998.

ALMEIDA, Paulo Roberto de. Dimensão Social nos Processos de Integração. *In*: CHALOULT, Yves ALMEIDA, P. R. de. (Coord.). *Mercosul, Nafta e Alca* — A dimensão social. São Paulo: LTr, 1999.

AVERBUG, M. Mercosul: Expectativas e Realidade. *Revista do BNDES*, v.9, n.17, p.75-98, jun. 2002.

BARBIERO, A.; CHALOULT, Y. O Mercosul e a nova ordem econômica internacional. *Revista Brasileira de Política Internacional*, ano 44, n.1, p.23-41, 2001.

BAUMMANN, R.; CARNEIRO, F. G. *Os agentes econômicos em processo de integração regional* — inferências para avaliar os efeitos da ALCA. Brasília: Universidade de Brasília/Departamento de Economia, 2002. 29p. (Texto para discussão, n. 243)

BÊRNI, D. A. A marcha do Mercosul e a marcha da globalização. *In*: REIS, C. N. (Org.) *América Latina*: crescimento no comércio mundial e exclusão social. Porto Alegre: Dacasa Editora/Palmarica, 2001, 275 p.

BRAGA, M. B. Integração econômica regional na América Latina: uma interpretação das contribuições da CEPAL. *Cadernos PROLAM/USP*, São Paulo, n. 01, 2002.

BIZZOZERO, Lincoln. Nueva etapa del Mercosur frente a los diez años de Ouro Preto: límites y perspectivas del ajuste institucional. *Nueva Sociedad. Caracas*, n. 194, nov./dic., 2004.

BRUNI, Jorge. *La libre circulación y seguridad social*. Montevideo: Friedrich Ebert Stiftung, dic. 2003. (Serie de Documentos sobre el Mercosur)

BRASIL. MINISTÉRIO DA PREVIDÊNCIA SOCIAL. *Migrações internacionais e a previdência social*. Brasília: MPAS, 2006.

BRASIL. SECRETARIA GERAL DA PRESIDÊNCIA DA REPÚBLICA. MINISTÉRIO DAS RELAÇÕES EXTERIORES. *Mercosul social e participativo*: construindo o Mercosul dos povos com democracia e cidadania. Brasília: MRE, 2007.

BRASIL. DECRETO n. 6.964, de 29 de setembro de 2009: Promulga o Acordo sobre Residência para Nacionais dos Estados-Partes do MERCOSUL.

BRASIL. DECRETO n. 6.975, de 7 de outubro de 2009: Promulga o Acordo sobre Residência para Nacionais dos Estados-Partes do Mercado Comum do Sul — MERCOSUL, Bolívia e Chile.

BRAVO, N. de Las M.; ALLINEY, M. C.; AVENDAÑO. G. V. Un avance en el proceso de integración social en el MERCOSUR: el Acuerdo Multilateral de Seguridad Social. In: PIMENTEL, L. O. (Coord.). *Mercosul, Alca e Integração Euro-Latino-Americana*. Curitiba: Juruá, 2001.

BULMER-THOMAS, V. A União Europeia e o Mercosul: perspectivas de um tratado de livre comércio e suas implicações sobre os Estados Unidos. *In*: REIS, C. N. (Org.) *América Latina*: crescimento no comércio mundial e exclusão social. Porto Alegre: Dacasa Editora/Palmarica, 2001. 275 p.

CARVALHO, A.; PARENTE, A. *Impactos comerciais da Área de Livre Comércio das Américas*. Rio de Janeiro: IPEA, mar. 1999. (Texto para Discussão, n. 635).

CASELLA, Paulo Borba. *Mercosul*: exigências e perspectivas. São Paulo: LTr, 1996.

CASTELLO, Alejandro. Evolución y Perspectivas del Régimen Jubilatorio en Uruguay. *In*: BERWANGER, Jane Lúcia Wilhelm; FERRARO, Suzani Andrade (Coord.). *Previdência social no Brasil e no MERCOSUL*. Curitiba: Juruá, 2010.

CASTRO, Maria Silvia Portella de. Reflexos do Mercosul no mercado de trabalho. *São Paulo em perspectiva*, Fundação Seade, São Paulo, v. 9, n.1, jan/mar., 1995.

CAVALCANTI, M. A. F. H. *Integração econômica e localização sob concorrência imperfeita*. Rio de Janeiro: BNDES 20º Prêmio BNDES de Economia 1997.

CHIARELLI, Matto Tota; CHIARELLI, Carlos Alberto Gomes (Coord.). *Temas de integração com enfoque no Mercosul*. v 1. São Paulo: LTR, 1997.

COORDINADORA DE LAS CENTRALES SINDICALES DEL MERCOSUR. La Centralidad del empleo y del trabajo para la integración Del Mercosur. Documento de Análisis. Buenos Aires, 2004.

COSTA, Lucia Cortes da. Integração regional e proteção social no contexto do Mercosul. *In*: MENDES, Jussara Maria Rosa et al. (Org.). *MERCOSUL em múltiplas perspectivas*: fronteiras, direitos e proteção social. Porto Alegre: EDIPUCRS, 2007.

_____. Políticas sociais no MERCOSUL: desafios para uma integração regional com redução das desigualdades sociais. *In*: COSTA, Lucia Cortes da (Org.). *Estado e democracia*: Pluralidade de questões. Ponta Grossa: Ed. UEPG, 2008. p. 133-154.

_____. Trabalho e proteção social no MERCOSUL. *In*: SEMINÁRIO DEMOCRACIA E PROTEÇÃO SOCIAL NO MERCOSUL, *Anais...*, UEPG, 18 e 19 de junho de 2009, p. 2.

CRISTALDO M., Jorge Dario. La Seguridad Social y la Previsión Social em el Paraguay. *In*: BERWANGER, Jane Lúcia Wilhelm; FERRARO, Suzani Andrade (Coord.). *Previdência Social no Brasil e no MERCOSUL*. Curitiba: Juruá, 2010, p. 129.

DAMATTA, Roberto. O Mercosul e a sociedade: em torno das trocas econômicas e da integração cultural. *In*: *O Mercosul e a integração sulamericana*: mais do que economia, encontro de culturas. Brasília: FUNAG, 1997.

DECLARACIÓN de Montevideo (Uruguay). Montevideo, 26 oct. 2001. Disponível em: <http://www.mercosur.int/msweb/pagina_anterior/sam/espanol/rem-mtss/declaracion.htm>. Acesso em: 16.09.2010.

DECLARAÇÃO sociolaboral. Rio de Janeiro, 10 dez. 1998. Disponível em: <http://www.sindicatomercosul.com.br/documentos.asp>. Acesso em: 16.09.2010.

DESARROLLO social e integración regional: las zonas de fronteras (Uruguay). Disponível em: <http://www.mercosur.int/msweb/pagina_anterior/sam/espanol/rem- mtss/pconjuntos/zfronteras.htm>. Acesso em: 16/09/2010.

DINIZ, Clélio Campolina. *In*: SEMINÁRIO INTERNACIONAL GLOBALIZAÇÃO E DESENVOLVIMENTO REGIONAL: CENÁRIOS PARA O SÉC. XXI. *Painel...*, Recife, SUDENE, 1997, p. 64-65.

DRAIBE, S. M. *MERCOSUR*: la temática social de la integración desde la perspectiva institucional. Disponível em: <http://www.top.org.ar/public.htm>. Acesso em: 16.09.2010.

DUPAS, G. *ALCA e os interesses do Mercosul*. As relações entre os EUA e o continente: Liderança, hegemonia ou coerção. Disponível em: <http://www.portalcse.ufsc.br/~seabra/alca3.html>. Acesso em: 16.09.2010.

ELIAS, Aparecida Rosangela (Org.). *Atuação governamental e políticas internacionais de previdência social*. Brasília: MPS, 2009. (Coleção Previdência Social, Série Estudos; v.32, 1. Ed.).

FOLHA ON LINE. Disponível em: <http://www1.folha.uol.com.br/folha/brasil/ult96u666908.shtml>. Acesso em: 20.09.2010.

GAMBINA, J. Previdência Social, Fundos de Pensão, Empregos Públicos, Reforma Administrativa e Reforma da Educação. Jornal APUFSC, Florianópolis set/out, 2000. *In*: SIMIONATO, Ivete. MERCOSUL e Reforma do Estado: o retrocesso da Seguridade Social. *Revista Katálysis*, v. 0, n. 5, 2001, p.39.

GARCIA, Stella Mary. La protección social em Paraguay. *In*: MENDES, Jussara Maria Rosa et al. (Org.). *MERCOSUL em múltiplas perspectivas*: fronteiras, direitos e proteção social. Porto Alegre: EDIPUCRS, 2007, p. 188.

GARCIA, A. A. O impacto da ALCA na economia brasileira: alguns comentários. *Indicadores econômicos FEE*, Porto Alegre, v. 29, n. 3, nov. 2001.

GIAMBIAGI, F.; MARKWALD, R. *A estratégia de inserção do Brasil na economia mundial*: Mercosul ou lonely runner? Rio de Janeiro: Ensaios BNDES, maio 2002 (Texto para discussão, n.14)

GIAMBIAGI, F.; MOREIRA, M. M. Políticas neoliberais? Mas o que é o Neoliberalismo? *Revista do BNDES*, v.7, n.13, p. 171-190.

GINESTA, Jacques. *El Mercosur y su contexto regional e internacional*. Porto Alegre: Universidade Federal do Rio Grande do Sul, 1999.

GODIO, Julio. *El Mercosur, los trabajadores y el Alca*: un estudio sobre la relación entre el sindicalismo sociopolítico y la integración en el Cono Sur. Buenos Aires: Biblos, 2004.

GOIN, Mariléia. *O processo contraditório da educação no contexto do MERCOSUL*: uma análise a partir dos Planos Educacionais. 2008. Dissertação (Mestrado em Serviço Social) — Universidade Federal de Santa Catarina, Florianópolis, 2008.

HIRST, Mônica. Pontos de reflexão sobre a dimensão sócio-político-cultural do Mercosul. *In*: *O Mercosul e a integração sul-americana*: mais do que economia, encontro de culturas. Brasília: FUNAG, 1997.

HOFMEISTER, Wilhelm (Org.). *Política social internacional*: consequências sociais da globalização. Rio de Janeiro: Konrad-Adenauer-Stiftung, 2005.

HOLLANDA, Cristina Buarque de; MEDEIROS, Sabrina Evangelista. Política Externa e América Latina: avaliando a trajetória e extensão de seu globalismo e regionalização. *In*: COSTA, Darc; SILVA, Francisco Carlos Teixeira da. (Orgs.). *Mundo latino e mundialização*. Rio de Janeiro: Faperj, 2004.

HUJO, Katja. Novos Paradigmas na Previdência Social: Lições do Chile e da Argentina. *Revista Planejamento e Políticas Públicas*, n. 19, Junho de 1999, p. 158 e 159.

JAEGER JUNIOR, Augusto. *Mercosul e a livre circulação de pessoas*. Dissertação (Mestrado em Direito) — Universidade Federal de Santa Catarina, Florianópolis, 1999. Disponível em: <www.buscalegis.ufsc.br/.../mercosul%20e%20a%20livrelação>. Acesso em: 20.09.2010.

_____. *Temas de direito da integração e comunitário*. São Paulo: LTr, 2002, p. 59.

JUSPREV — Previdência dos promotores e da Justiça Brasileira. Disponível em: <http://www.jusprev.com.br>. Acesso em: 25.07.2010.

KERBER, Gilberto. *Mercosul e Supranacionalidade*: um estudo à luz das legislações constitucionais. 2000. Dissertação (Mestrado em Direito) — Universidade Federal de Santa Catarina, Florianópolis, 2000. Disponível em: <http://www.buscalegis.ufsc.br/arquivos/Mercosul%20e%20supranacionalidade%20-%202000.pdf>. Acesso em: 20.09.2010.

KOL, Jacob. Regionalization, Polarization and Blocformation in the World Economy. *Revista Integração e especialização*, Faculdade de Direito da Universidade de Coimbra, Coimbra. 1996. *In*: MORE, Rodrigo Fernandes. Integração econômica Internacional. *Jus Navigandi*, Teresina, ano 6, n. 59, outubro 2002. Disponível em: <http://jus.uol.com.br/revista/texto/3307/integracao-economica-internacional>. Acesso em: 24.10.2010.

KUME, Honório. MERCOSUL — 1995: uma avaliação preliminar. *In*: IPEA (Ed.). *A Economia brasileira em perspectiva — 1996*. v. 1. Rio de Janeiro: IPEA, 1996.

_____; PIANI, Guida. Mercosul: o dilema entre união aduaneira e área de livre-comércio. *Revista Economia Política*, São Paulo, v. 25, n. 4., Oct./Dec., 2005.

KRUGMAN, P.; OBSFELD, M. *Economia internacional*: teoria e prática. São Paulo: Makron Books, 2001.

LAMERA, Larissa Martins. Acordos Internacionais de Previdência Social. *Informe da Previdência Social 1*, 2007, v. 17, n. 8. Disponível em: <http://www.previdencia.gov.br/docs/pdf/informe%202007-08.pdf>. Acesso em: 26.04.2009.

MACHADO, J. B. M. *Mercosul*: processo de integração: origem evolução e crise. São Paulo: Aduaneira, 2000. 249p.

MAGALHAES, Maria Lúcia Cardoso de. *A harmonização dos direitos sociais e o MERCO-SUL*. Belo Horizonte: Editora Revista dos Tribunais, 2000.

MANSUETI, H. R. Contenidos de la Seguridad Social en el MERCOSUL, *In*: BERWANGER, Jane Lúcia Wilhelm; FERRARO, Suzani Andrade (Coord.). *Previdência social no Brasil e no MERCOSUL*. Curitiba: Juruá, 2010, p. 85.

MANUAL para apresentação de Estudos de Viabilidade Socioeconômica com vistas à apresentação para a obtenção de recursos do Fundo de Convergência Estrutural e Fortalecimento Institucional do MERCOSUL (FOCEM). Ministério do Planejamento, Orçamento e Gestão. Secretaria de Planejamento e Investimentos Estratégicos. Disponível em: <http://www.planejamento.gov.br/secretarias/upload/Arquivos/spi/programas_projeto/focem/Focem_Manual_02.pdf>. Acesso em: 20/09/2010.

MARCONDES, Claudia Gamberine. *Sistemas previdenciários sulamericanos*: Brasil, Uruguai e Chile. 2007. Dissertação (Mestrado em Direito) — Faculdade de Direito da Universidade Metodista de Piracicaba — UNIMEP, Piracicaba, 2007, p. 83.

MARIANO, Marcelo Passini. *A estrutura institucional do Mercosul*. São Paulo: Aduaneiras, 2000.

MARTINEZ, Wladimir Novaes. *Curso de direito previdenciário*. Tomo I — Noções de direito previdenciário. 3.ed. São Paulo: LTr, 2005.

_____. *Curso de direito previdenciário*. Tomo II — Previdência Social. 2. ed. São Paulo: LTr, 2007.

MELO, Adriane Cláudia. Mercosul em movimento II. *In: Supranacionalidade e intergovernabilidade no Mercosul.* Porto Alegre. Livraria do Advogado, 1999.

MELLO e SOUZA, André de; OLIVEIRA, Ivan Tiago Machado; GONÇALVES, Samo Sérgio. *IPEA — Instituto de Pesquisas Econômicas Avançadas. Assimetrias Estruturais e Políticas de Integração no MERCOSUL*. Disponível em: <http://www.ipea.gov.br/sites/000/2/publicacoes/tds/td_1477.pdf>. Acesso em: 18.10.2010.

MERCADANTE, A.; TAVARES, M. da C. A ALCA interessa ao Brasil? *Jornal dos Economistas*, Rio de Janeiro, CORECON-RJ, n. 143, p. 5-6, abr./maio, 2001.

MERCOSUL e países integrantes. Disponível em: <http://www.brasilescola.com/geografia/mercosul-paises-integrantes.htm>. Acesso em: 18.10.2010.

MERCOSUL. Disponível em: <http://www.mercosur.org.uy>. Acesso em: 10.03.2010.

MINISTÉRIO da Previdência Social. Disponível em: <www.mps.gov.br>. Acesso em: 30.03.2011.

MERCOSUL. *Acordos e protocolos na área jurídica*. Porto Alegre: Livraria do Advogado, 1996. (Série Integração Latino-Americana).

MINISTÉRIO do Trabalho e Emprego, Coordenação Geral de Imigração. Disponível em: <www.mte.gov.br>. Acesso em: 20.11.2010.

MONTOYA, M. A. Os custos e benefícios da integração econômica do grupo andino: uma análise do comércio intrarregional do setor agropecuário. *Análise Econômica*, ano 12, p.74-92, março-setembro, 1994.

MORE, Rodrigo Fernandes. Integração Econômica Internacional. *Jus Navigandi*, Teresina, ano 6, n. 59, outubro 2002. Disponível em: <http://jus.uol.com.br/revista/texto/3307/integracao-economica-internacional>. Acesso em: 24.10.2010.

_____. *Fundamentos das operações de paz das Nações Unidas e a questão de Timor Leste*. 2002. Dissertação (Mestrado em Direito) – Faculdade de Direito da Universidade de São Paulo – USP, São Paulo, 2002.

MORENO, Alicia S. La difusa Idea del espacio social em los procesos de integración. *In*: PIMENTEL, L. O. (Coord.). *Mercosul, Alca e integração Euro-Latino-Americana*. Curitiba: Juruá, 2001, p. 74.

MURRO, Ernesto. *As tendências na América Latina e a reforma uruguaia da previdência social*. 2001. Disponível em: <www.redsegsoc.org.uy>. Acesso em: 10/11/2010, p. 5.

NASSIF, A. L. A articulação das políticas industrial e comercial nas economias em desenvolvimento contemporâneas: uma discussão analítica. *Revista de Economia Política*, v.20, n.2, abril-junho, 2000.

NONNEMBERG, M. H. B.; MENDONÇA, M. J. C. *Criação e desvio de comércio no Mercosul*: o caso dos produtos agrícolas. Rio de Janeiro: IPEA, mar. 1999. (Texto para Discussão, n. 631).

NORRIS, Roberto. *Livre circulação de trabalhadores em um contexto de Integração Regionalizada*. São Paulo: Ltr, 1999.

OLIVEIRA, Julio Ramos. Movibilidad de la mano de obra em El Mercosur. Contribuciones. *CIEDLA/Konrad-Adenauer*, São Paulo, año 10, n. 2, 1993.

OLIVEIRA, Aldemir. *Aspectos da aposentadoria por tempo de serviço nos estados-partes do MERCOSUL*. 2008. Tese (Doutorado em Direito) – Universidade Federal de Santa Catarina, Florianópolis, 2008, p. 145.

PASSOS, Alessandro Ferreira dos; SCHWARZER, Helmut. Migrações Internacionais e a Previdência Social. *Informe de previdência social*, Brasília, v.16, n.12, dez. 2004.

PEREIRA, José Adriano. Mercosul em Movimento II. *In*: *Liberalismo econômico e processo de integração na América Latina*. Porto Alegre: Livraria do Advogado, 1999, p. 100.

_____. Integração Econômica e Mobilidade de Trabalhadores no Mercosul. *Revista de Economia e Relações Internacionais*, São Paulo, v. 3, n. 6, p. 76-87, jan. 2005.

PIOVESAN, Flávia. *Direitos humanos e direito constitucional e internacional*. 5.ed. São Paulo: Max Limonad, 2002, p. 72.

PRADO, L. C. D. Mercosul como opção estratégica de integração: notas sobre a teoria da integração e estratégias de desenvolvimento. *Ensaios FEE*, v.18, n.1, p. 276-299, 1997.

PRAXEDES, Walter; PILETTI, Nelson. *O Mercosul e a sociedade global*. 8. ed. São Paulo: Ática, 1997. p. 58.

PROGRAMA para a consolidação da união aduaneira e para o lançamento do Mercado Comum "Objetivo 2006" (Uruguay). Recomendação n. 1/2003 do Fórum Consultivo Econômico Social. XXV Reunião, Montevideu, 10 dez. 2003. Disponível em: <http://www.ccscs.org/html_particp_instituc/fces/fces_rec0103_br.htm>. Acesso em: 20.01.2011.

RELATÓRIO Anual da AISS. Disponível em: <www.issa.int/annual-review>. Acesso em: 20.01.2011.

REGULAMENTO interno de la comisión sociolaboral del Mercosur (Argentina) Buenos Aires: 10 mar. 2000. Disponível em: <http://www.ccscs.org/html_particp_instituc/ccscs_pi_regl_comis_socio_laboral.htm>. Acesso em: 20/11/2010.

REVISTA do Instituto de Ciências Econômicas, Administrativas e Contábeis, v. 11, n. 1, 2007.

ROCHA, Daniel Machado da. O *direito fundamental à previdência social na perspectiva dos princípios constitucionais diretivos do sistema previdenciário brasileiro*. Porto Alegre: Livraria do Advogado, 2004.

ROSENTHAL, G. (Coord.). Regionalismo aberto na América Latina e no Caribe: a integração econômica a serviço da transformação produtiva com equidade. *In: Cinquenta anos de pensamento na CEPAL*. Santiago do Chile, p. 939-958, 1994.

SABBATINI, R. Multilateralismo, regionalismo e o Mercosul. *Indicadores Econômicos FEE*, Porto Alegre, v. 29, n.1, jun. 2001.

SALAMA, P. Novos paradoxos da liberação na América Latina? In: REIS, C. N. (Org.) *América Latina*: crescimento no comércio mundial e exclusão social. Porto Alegre: Dacasa Editora/Palmarica, 2001, 275 p.

SALVATORE, D. *Economia internacional*. Rio de Janeiro: LTC, 2000.

SAMPAIO, Rômulo Silveira da Rocha. *A livre circulação de trabalhadores na União Europeia e sua perspectiva no MERCOSUL*. Dissertação (Mestrado em Direito) — Pontifícia Universidade Católica do Paraná, PUC-PR, Curitiba, 2005, p.206.

SECRETARIA de Estado da Indústria, do Comércio e Assuntos do Mercosul — SEIM. Disponível em: <http://www.seim.pr.gov.br/modules/conteudo/conteudo.php?conteudo=32>. Acesso em: 10/07/2010.

SIMIONATO, Ivete. MERCOSUL e Reforma do Estado: o retrocesso da Seguridade Social. *Revista Katálysis*, v.0, n. 5, 2001.

SISTEMA estadístico de indicadores sociales. Reunión de grupo técnico de desarrollo social del Mercosur. (Argentina) Buenos Aires, 22 de março de 2002. Disponível em: <http://www.mercosur.int/msweb/pagina_anterior/sam/espanol/rem-mtss/pconjuntos/pconjuntos1.html>. Acesso em: 15.02.2011.

SOARES, Mário Lúcio Quintão. *MERCOSUL:* direitos humanos, globalização e soberania. Belo Horizonte: Del Rey, 1997.

STUART, Ana Maria. Negociando um novo Mercosul. *Panorama da Conjuntura Internacional*, São Paulo, Gacint, n. 23, ano 6, out/nov. 2003.

STUART, Ana Maria. A construção de um novo regionalismo. *In*: MENDES, Jussara. Maria Rosa et al. (Orgs.). *Mercosul em múltiplas perspectivas:* fronteiras, direitos e proteção social. Porto Alegre: EDIPUCRS, 2007.

TODOS Somos MERCOSUL — CEFIR — Plataforma de Integração 2009. Disponível em: <http://neccint.wordpress.com/direito-internacional/arena-de-ideias/mercosul/focem-fundo-para-a-convergencia-estrutural-do-mercosul/focem-fundo-para-a-convergencia-estrutural-do-mercosul/>. Acesso em: 02/01/2011.

THORSTENSEN, V. Desenvolvimento da cooperação econômica e das relações comerciais entre a EU e o MERCOSUL: interesses comuns e desafios. *Política Externa*, v. 5, n.1 jun-jul--ago 1996.

TRIBUNA DA IMPRENSA. Entra em vigor a Previdência do Mercosul. 14 out. 2005. Disponível em: <http://www.sindicatomercosul.com.br/noticia02.asp?noticia=27232>. Acesso em: 02.01.2011.

VASCONCELOS, Pedro Paulo Lima. Indicadores sócio-econômicos do MERCOSUL: um estudo sob a Égide da Economia Política Internacional. *In*: SIMPÓSIO EM RELAÇÕES INTERNACIONAIS DO PROGRAMA SAN TIAGO DANTAS, I., nov. 2007, p. 10 (UNESP, UNICAMP e PUC-SP).

VEIGA, João Paulo. Mercosul e os interesses políticos e sociais. *São Paulo em perspectiva*, Fundação Seade, São Paulo, v. 5, n. 3, 1991.

VEIGA, P. M. *A infraestrutura e o processo de negociação da ALCA*. Rio de Janeiro: IPEA, mar. 1999. (Texto para Discussão, n. 507).

VERA-FLUIXÁ, R. X. Principios de integración regional en América Latina y suanálisis compartivo con la Unión Europea. *Bonn: Center for European Integration Studies*, v.73, 2000 (Discussion Paper).

VIANNA, Claudia Sales Vilela. *Previdência social, custeio e benefícios*. 2. ed. São Paulo: Editora LTr, 2010.

VIGEVANI, Tullo. *Mercosul*: impactos para trabalhadores e sindicatos. São Paulo: LTr, 1998.

VILLATORE, Marco Antônio César. Previdência Complementar no Direito Comparado. *Revista de Previdência Social*, n. 232, São Paulo, LTr, março de 2000.

_____. A reforma da previdência social no MERCOSUL e nos países integrantes. *Revista do Tribunal Regional do Trabalho da 15ª Região Campinas*, n. 3, p. 128-137, jul./dez. 2003.

WANDERLEY, Luiz Eduardo W. A construção de um MERCOSUL Social. *Revista Ponto-e--Vírgula*, São Paulo, PUC, SP, v. 1, p.90-104, 2007, p.94.

SITES CONSULTADOS:

<http://estudeonline.net/revisao_detalhe.aspx?cod=461.> Acesso em: 29.03.2011.

<http://www.classificadosmercosul.com.br/mercosul_info/mercosul01.htm>. Acesso em: 29.02.2011.

<www.mps.gov.br/acordosinternacionais>. Acesso em: 03.01.2011.

<http://www.previdenciasocial.gov.br/conteudoDinamico.php?id=111>. Acesso em: 10.04.2011.

<http://buenoecostanze.adv.br/index.php?option=com_content&task=view&id=4642&Itemid=96>. Acesso em: 20.03.2011.

<http://oglobo.globo.com/economia/mat/2007/11/09/327102998.asp>. Acesso em: 20.07.2009.

<http://portal.dataprev.gov.br/2009/07/26/siaci-sistemas-de-acordos-internacionais>. Acesso em: 15.08.2009.

<http://www.planalto.gov.br/>. Acesso em: 02.03.2010.

<http://www.previdencia.gov.br/pg_secundarias/previdencia_social_04_01.asp>. Acesso em: 25.04.2009.

<http://www1.previdencia.gov.br/pg_secundarias/previdencia_social_04_05.asp>. Acesso em: 20.04.2011.

<http://www2.mre.gov.br/dai/003.html>. Acesso em: 10.05.2008.

<http://www2.mre.gov.br/dai/dtrat.htm>. Acesso em: 12.05.2008.

<http://www.notadez.com.br>. Acesso em: 07.02.2008.

<http://www.receita.fazenda.gov.br/legislacao/acordosinternacionais/AcordosComplEconomica/Default.htm>. Acesso em: 10.02.2011.

ANEXOS

ANEXO 1

Estrutura Institucional do MERCOSUL

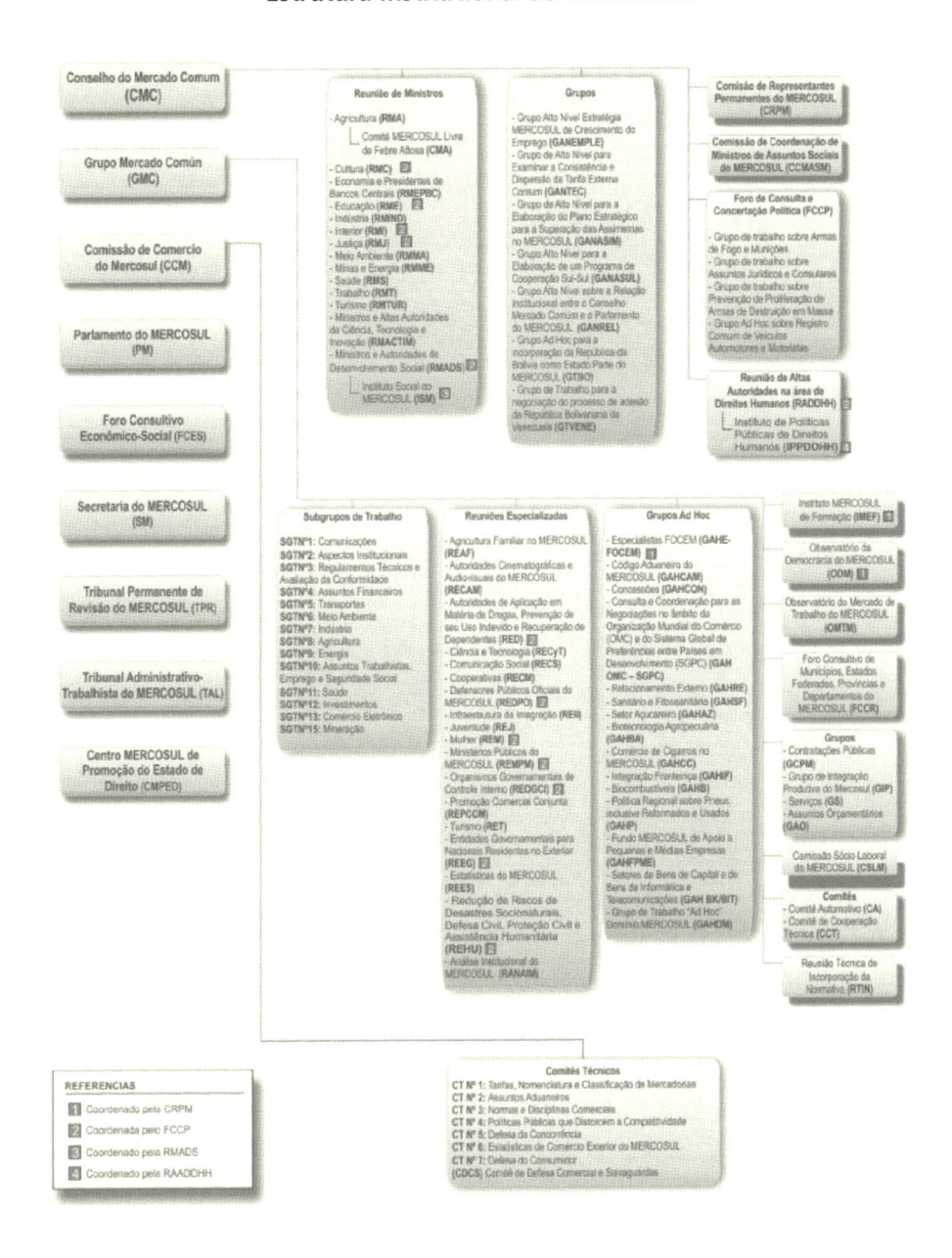

Conselho do Mercado Comum (CMC)

Grupo Mercado Común (GMC)

Comissão de Comercio do Mercosul (CCM)

Parlamento do MERCOSUL (PM)

Foro Consultivo Econômico-Social (FCES)

Secretaria do MERCOSUL (SM)

Tribunal Permanente de Revisão do MERCOSUL (TPR)

Tribunal Administrativo-Trabalhista do MERCOSUL (TAL)

Centro MERCOSUL de Promoção do Estado de Direito (CMPED)

Reunião de Ministros
- Agricultura (RMA)
  - Comitê MERCOSUL Livre de Febre Aftosa (CMA)
- Cultura (RMC) [2]
- Economia e Presidentes de Bancos Centrais (RMEPBC)
- Educação (RME) [2]
- Indústria (RMIND)
- Interior (RMI) [2]
- Justiça (RMJ) [2]
- Meio Ambiente (RMMA)
- Minas e Energia (RMME)
- Saúde (RMS)
- Trabalho (RMT)
- Turismo (RMTUR)
- Ministros e Altas Autoridades da Ciência, Tecnologia e Inovação (RMACTIM)
- Ministros e Autoridades de Desenvolvimento Social (RMADS) [3]
- Instituto Social do MERCOSUL (ISM) [3]

Grupos
- Grupo Alto Nível Estratégia MERCOSUL de Crescimento do Emprego (GANEMPLE)
- Grupo de Alto Nível para Examinar a Consistência e Dispersão da Tarifa Externa Comum (GANTEC)
- Grupo de Alto Nível para a Elaboração do Plano Estratégico para a Superação das Assimetrias no MERCOSUL (GANASIM)
- Grupo Alto Nível para a Elaboração de um Programa de Cooperação Sul-Sul (GANASUL)
- Grupo Alto Nível sobre a Relação Institucional entre o Conselho Mercado Comum e o Parlamento do MERCOSUL (GANREL)
- Grupos Ad Hoc para a Incorporação da República Bolivariana da Bolívia como Estado Parte do MERCOSUL (GTBO)
- Grupo de Trabalho para a negociação do processo de adesão da República Bolivariana da Venezuela (GTVENE)

Comissão de Representantes Permanentes do MERCOSUL (CRPM)

Comissão de Coordenação de Ministros de Assuntos Sociais do MERCOSUL (CCMASM)

Foro de Consulta e Concertação Política (FCCP)
- Grupo de trabalho sobre Armas de Fogo e Munições
- Grupo de trabalho sobre Assuntos Jurídicos e Consulares
- Grupo de trabalho sobre Prevenção de Proliferação de Armas de Destruição em Massa
- Grupo Ad Hoc sobre Registro Comum de Veículos Automotores e Motoristas

Reunião de Altas Autoridades na área de Direitos Humanos (RADDHH) [4]
- Instituto de Políticas Públicas de Direitos Humanos (IPPDDHH) [4]

Subgrupos de Trabalho
- SGT N°1: Comunicações
- SGT N°2: Aspectos Institucionais
- SGT N°3: Regulamentos Técnicos e Avaliação da Conformidade
- SGT N°4: Assuntos Financeiros
- SGT N°5: Transportes
- SGT N°6: Meio Ambiente
- SGT N°7: Indústria
- SGT N°8: Agricultura
- SGT N°9: Energia
- SGT N°10: Assuntos Trabalhistas, Emprego e Seguridade Social
- SGT N°11: Saúde
- SGT N°12: Investimentos
- SGT N°13: Comércio Eletrônico
- SGT N°15: Mineração

Reuniões Especializadas
- Agricultura Familiar no MERCOSUL (REAF)
- Autoridades Cinematográficas e Audiovisuais do MERCOSUL (RECAM)
- Autoridades de Aplicação em Matéria de Drogas, Prevenção de seu Uso Indevido e Recuperação de Dependentes (RED)
- Ciência e Tecnologia (RECyT)
- Comunicação Social (RECS)
- Cooperativas (RECM)
- Defensores Públicos Oficiais do MERCOSUL (REDPO)
- Infraestrutura da integração (REII)
- Juventude (REJ)
- Mulher (REM) [2]
- Ministérios Públicos do MERCOSUL (REMPM) [2]
- Organismos Governamentais de Controle Interno (REOGCI)
- Promoção Comercial Conjunta (REPCOM)
- Turismo (RET)
- Entidades Governamentais para Nacionais Residentes no Exterior (REEG) [2]
- Estatísticas do MERCOSUL (REES)
- Redução de Riscos de Desastres Sociônaturais, Defesa Civil, Proteção Civil e Assistência Humanitária (REHU) [2]
- Análise Institucional do MERCOSUL (RANAIM)

Grupos Ad Hoc
- Especialistas FOCEM (GAHE-FOCEM) [3]
- Código Aduaneiro do MERCOSUL (GAHCAM)
- Concessões (GAHCON)
- Consulta e Coordenação para as Negociações no âmbito da Organização Mundial do Comércio (OMC) e do Sistema Global de Preferências entre Países em Desenvolvimento (SGPC) (GAH OMC – SGPC)
- Relacionamento Externo (GAHRE)
- Sanitário e Fitossanitário (GAHSF)
- Setor Açucareiro (GAHAZ)
- Biotecnologia Agropecuária (GAHBA)
- Comércio de Cigarros no MERCOSUL (GAHCC)
- Integração Fronteiriça (GAHIF)
- Biocombustíveis (GAHB)
- Política Regional sobre Pneus, inclusive Reformados e Usados (GAHP)
- Fundo MERCOSUL de Apoio a Pequenas e Médias Empresas (GAHFPME)
- Setores de Bens de Capital e de Bens de Informática e Telecomunicações (GAH BK/BIT)
- Grupo de Trabalho "Ad Hoc" Domínio MERCOSUL (GAHDM)

Instituto MERCOSUL de Formação (IMEF) [1]

Observatório da Democracia do MERCOSUL (ODM) [1]

Observatório do Mercado de Trabalho do MERCOSUL (OMTM)

Foro Consultivo de Municípios, Estados Federados, Províncias e Departamentos do MERCOSUL (FCCR)

Grupos
- Contratações Públicas (GCPM)
- Grupo de Integração Produtiva do Mercosul (GIP)
- Serviços (GS)
- Assuntos Orçamentários (GAO)

Comissão Sócio Laboral do MERCOSUL (CSLM)

Comitês
- Comitê Automotivo (CA)
- Comitê de Cooperação Técnica (CCT)

Reunião Técnica de Incorporação da Normativa (RTIN)

Comitês Técnicos
- CT N° 1: Tarifas, Nomenclatura e Classificação de Mercadorias
- CT N° 2: Assuntos Aduaneiros
- CT N° 3: Normas e Disciplinas Comerciais
- CT N° 4: Políticas Públicas que Distorcem a Competitividade
- CT N° 5: Defesa da Concorrência
- CT N° 6: Estatísticas de Comércio Exterior do MERCOSUL
- CT N° 7: Defesa do Consumidor
- (CDCS) Comitê de Defesa Comercial e Salvaguardas

REFERÊNCIAS
[1] Coordenado pela CRPM
[2] Coordenada pelo FCCP
[3] Coordenado pela RMADS
[4] Coordenado pela RAADDHH

ANEXO 2

Tabela — Quantidade de benefícios concedidos no âmbito dos acordos internacionais de Previdência Social, por grupos de espécies, segundo países acordantes — 2007/2009

CAPÍTULO 26 — ACORDOS INTERNACIONAIS

26.1 — Quantidade de benefícios concedidos no âmbito dos acordos internacionais de Previdência Social, por grupos de espécies, segundo países acordantes — 2007/2009

PAÍSES	Anos	QUANTIDADE DE BENEFÍCIOS CONCEDIDOS NO ÂMBITO DOS ACORDOS INTERNACIONAIS DE PREVIDÊNCIA SOCIAL					
		Total	Grupos de Espécies				
			Aposentadoria por Idade	Aposentadoria por Invalidez	Aposentadoria por Tempo de Contribuição	Pensão por Morte	Auxílio-Doença
TOTAL	2007	482	293	33	54	88	14
	2008	858	431	62	58	292	15
	2009	1.616	1.052	79	131	335	19
Argentina	2007	17	9	—	8	—	—
	2008	27	15	—	8	4	—
	2009	45	30	1	10	4	—
Chile	2007	19	16	—	1	2	—
	2008	6	4	2	—	—	—
	2009	1	1	—	—	—	—
Espanha	2007	121	87	9	12	11	2
	2008	239	127	16	14	79	3
	2009	549	363	25	52	102	7
Grécia	2007	2	—	1	—	1	—
	2008	5	4	—	—	1	—
	2009	14	11	—	1	2	—
Itália	2007	46	39	1	—	6	—
	2008	80	69	1	2	7	1
	2009	163	139	3	2	18	1

PAÍSES	Anos	QUANTIDADE DE BENEFÍCIOS CONCEDIDOS NO ÂMBITO DOS ACORDOS INTERNACIONAIS DE PREVIDÊNCIA SOCIAL					
		Total	Grupos de Espécies				
			Aposentadoria por Idade	Aposentadoria por Invalidez	Aposentadoria por Tempo de Contribuição	Pensão por Morte	Auxílio--Doença
Luxemburgo	2007	—	—	—	—	—	—
	2008	—	—	—	—	—	—
	2009	—	—	—	—	—	—
Mercosul	2007	—	—	—	—	—	—
	2008	4	4	—	—	—	—
	2009	28	21	—	5	2	—
Paraguai	2007	—	—	—	—	—	—
	2008	2	2	—	—	—	—
	2009	4	4	—	—	—	—
Portugal	2007	259	136	22	22	68	11
	2008	470	195	43	26	196	10
	2009	778	453	49	60	205	11
Uruguai	2007	18	6	—	11	—	1
	2008	25	11	—	8	5	1
	2009	34	30	1	1	2	—

FONTE: MPS/SE/Assessoria de Assuntos Internacionais.

Tabela — Quantidade de benefícios concedidos no âmbito dos acordos internacionais de Previdência Social, por grupos de espécies, segundo países acordantes — 2001/2003

PAÍSES	Anos	QUANTIDADE DE BENEFÍCIOS CONCEDIDOS NO ÂMBITO DOS ACORDOS INTERNACIONAIS DE PREVIDÊNCIA SOCIAL					
		Total	Grupos de Espécies				
			Aposentadoria por Idade	Aposentadoria por Invalidez	Aposentadoria por Tempo de Contribuição	Pensão por Morte	Auxílio--Doença
TOTAL	2001	148	37	8	17	86	—
	2002	368	146	18	19	182	3
	2003	444	232	25	25	162	—
Argentina	2001	2	—	1	1	—	—
	2002	5	2	—	3	—	—
	2003	—	—	—	—	—	—

| PAÍSES | Anos | QUANTIDADE DE BENEFÍCIOS CONCEDIDOS NO ÂMBITO DOS ACORDOS INTERNACIONAIS DE PREVIDÊNCIA SOCIAL ||||||
| | | Total | Grupos de Espécies |||||
			Aposentadoria por Idade	Aposentadoria por Invalidez	Aposentadoria por Tempo de Contribuição	Pensão por Morte	Auxílio--Doença
Chile..................	2001	2	2	—	—	—	—
	2002	2	1	—	—	1	—
	2003	1	1	—	—	—	—
Espanha...............	2001	27	14	3	2	8	—
	2002	106	71	5	4	26	—
	2003	201	128	7	20	46	—
Grécia..................	2001	1	—	—	—	1	—
	2002	4	1	—	2	1	—
	2003	7	5	1	—	1	—
Itália....................	2001	3	1	—	—	2	—
	2002	17	16	1	—	—	—
	2003	19	15	1	—	3	—
Luxemburgo.........	2001	—	—	—	—	—	—
	2002	3	3	—	—	—	—
	2003	—	—	—	—	—	—
Portugal...............	2001	105	19	4	7	75	—
	2002	224	52	12	3	154	3
	2003	215	82	16	5	112	—
Uruguai................	2001	8	1	—	7	—	—
	2002	7	—	—	7	—	—
	2003	1	1	—	—	—	—

FONTE: DATAPREV, SUB.

ANEXO 3
JURISPRUDÊNCIAS

ACÓRDÃO 1

APELAÇÃO CÍVEL N. 2006.71.10.006064-5/RS

RELATOR:	Juiz Federal GUILHERME PINHO MACHADO
APELANTE:	JUAN MARIO LOPES BARBOZA
ADVOGADO:	Jose Ricardo Caetano Costa
APELADO:	INSTITUTO NACIONAL DO SEGURO SOCIAL — INSS
ADVOGADO:	Procuradoria Regional da PFE-INSS

EMENTA

PREVIDENCIÁRIO. APOSENTADORIA POR TEMPO DE SERVIÇO/CONTRIBUIÇÃO. ACORDO PREVIDENCIÁRIO ENTRE BRASIL E URUGUAI. CÔMPUTO DE TEMPO DE SERVIÇO ANTERIOR AO DECRETO PRESIDENCIAL N. 5.722/2006. INCIDÊNCIA DOS ARTS. V E VII DO DECRETO PRESIDENCIAL N. 85.248/80. AUSÊNCIA DE IRREGULARIDADE NA CONDUTA DO INSS. RETARDO NO ATENDIMENTO DO PEDIDO. DECORRÊNCIA DA NECESSIDADE DE OBTENÇÃO DE PARECER DA INSTITUIÇÃO PREVIDENCIÁRIA ALIENÍGENA.

1. Em 27 de janeiro de 1977 foi assinado em Montevidéu o Acordo de Previdência Social entre os Governos do Brasil e do Uruguai, que teve seu texto aprovado pelo Decreto Legislativo n. 67/78 e promulgado pelo Decreto Presidencial n. 85.248/1980, publicado em 15.10.1980.

2. Posteriormente, foi celebrado em 15.12.1997 o Acordo Multilateral de Seguridade Social do Mercado Comum e seu Regulamento Administrativo, contendo o respectivo Acordo Multilateral de Seguridade Social do Mercado Comum do Sul, o qual entrou em vigor no plano internacional em 01/06/2005, tendo sido promulgado no Brasil por intermédio do Decreto Presidencial n. 5.722/2006, publicado em 13.03.2006.

3. Sendo os períodos controvertidos anteriores à vigência do Acordo de Seguridade Social do Mercosul, não tem aplicabilidade, por decorrência, tal regramento na espécie, na forma dos arts. 8º e 17º do Decreto Presidencial n. 5.722/2006.

4. O direito invocado pelo autor, assim, deve ser examinado à luz dos arts. V e VII do Decreto Presidencial n. 85.248/80, que promulga o Acordo de Previdência Social celebrado entre Brasil e Uruguai, devendo o cômputo dos períodos trabalhados nos signatários ser regido pela legislação do país onde tenham sido realizados os respectivos serviços, sendo que caberá à entidade gestora do país em que não foi apresentado o pedido de aposentadoria informar se o interessado comprova os períodos de atividades cumpridos em seu território, informação essa a ser prestada à entidade similar do país em que foi feito o pedido de concessão de benefício.

5. Nesse contexto, não há falar em desídia ou ineficiência do INSS no atendimento do requerimento do autor, uma vez que o retardo para análise do pedido é decorrente da necessidade de se obter, a teor do acordo internacional que regula a matéria, parecer da respectiva instituição de previdência alienígena.

ACÓRDÃO

Vistos e relatados estes autos em que são partes as acima indicadas, decide a Colenda 5ª Turma do Tribunal Regional Federal da 4ª Região, por unanimidade, suprir a omissão da sentença e negar provimento à apelação da parte autora, nos termos do relatório, voto e notas taquigráficas que ficam fazendo parte integrante do presente julgado.

Porto Alegre, 25 de janeiro de 2011.

RELATÓRIO

JUAN MÁRIO LOPES BARBOZA ajuizou ação ordinária contra o Instituto Nacional do Seguro Social em 30.10.2006, objetivando o reconhecimento do tempo de serviço exercido na República Oriental do Uruguai entre 01.10.1975 e 31.12.1975, 10.04.1976 e 30.09.1976, 07.12.1964 e 31.01.1973 e, consequentemente, a concessão do benefício de aposentadoria por tempo de serviço, a contar da data do requerimento administrativo, formulado em 13.01.2004.

Sentenciando, em 18.04.2007, o MM. Juízo *a quo* julgou improcedente o pedido, sob o argumento de que os períodos descritos na inicial são todos anteriores à vigência do Acordo Multilateral de Seguridade Social do Mercado Comum do Sul, o qual seria inaplicável na hipótese em apreço, a teor dos arts. 8º e 17º do Decreto n. 5.722 do Presidente da República, publicado em 13.03.2006, bem assim em razão da ausência de desídia ou ineficácia do INSS no atendimento do requerimento do autor, uma vez que a demora para exame da solicitação decorre da necessidade de se obter parecer da BPS *(Banco de Previsión Social — Uruguay)*, na forma do acordo internacional que regula a matéria (Arts. V e VII do Decreto n. 85.248/80).

Irresignado, o demandante interpôs recurso de apelação. Em suas razões, sustenta que deve ser concedido o benefício de aposentadoria pleiteado, visto que o Tratado de Assunção deve ser prestigiado e implementado, ao máximo, pela jurisdição nacional, em homenagem à sua força jurídica própria e à diretriz que emana do art. 4º, parágrafo único, da CF/88. Por fim, afirma que há a possibilidade de outorga da inativação por tempo de serviço proporcional, considerando-se apenas os interregnos desempenhados no Brasil (25 anos, 10 meses e 22 dias de tempo de atividade). Pleiteia a concessão de tutela antecipada.

Após as contrarrazões, vieram os autos a esta Corte para julgamento.

É o relatório.

À revisão.

VOTO

De início, registro a impossibilidade de concessão do benefício de aposentadoria por tempo de serviço/contribuição proporcional pleiteado pela parte autora, levando-se em conta somente o tempo de serviço já reconhecido na órbita administrativa pelo INSS de 25 anos, 10 meses e 22 dias (fl. 66), visto que o demandante não atinge o tempo mínimo de 30 anos de atividade exigido em lei, na forma do art. 52 da Lei de Benefícios.

Sob outra perspectiva, a sentença, da lavra do Juiz Federal Everson Guimarães Silva (fls. 133/134), apreciou com profundidade a questão de fundo, merecendo transcrição:

Pretende, o demandante, a concessão de aposentadoria proporcional por tempo de contribuição, nos termos da regra transitória do art. 9º da Emenda Constitucional n. 20/98, mediante o reconhecimento de atividade laboral desenvolvida na República Oriental do Uruguai.

O pedido de tutela jurisdicional, ademais, é fundado na demora da autarquia em proferir decisão administrativa sobre o pleito.

A apreciação do pedido do demandante requer, no entanto, o exame da possibilidade de reconhecimento do labor desempenhado no Uruguai para que, em seguida, possa ser aferida correção, ou não, e a celeridade do procedimento da autarquia.

Passo, então, ao exame da primeira das questões acima ventiladas.

Ressalvadas as hipóteses especiais reguladas pela Lei n. 8.213/91, a atividade laboral realizada em outro país não confere ao trabalhador a condição de Segurado da Previdência Social brasileira.

Assim, o cômputo de trabalho desenvolvido no exterior, para fins de obtenção de benefício previdenciário no Brasil, exige regramento particular, no âmbito do direito internacional.

A possibilidade de reconhecimento, no Brasil, do labor desenvolvido no Uruguai tem assento no Acordo de Previdência Social, celebrado entre os dois países em 27.01.1977, em Montevidéu, e no Acordo Multilateral de Seguridade Social do Mercado Comum do Sul, assinado em 15.12.1997, pelos representantes dos componentes originários do bloco (Brasil, Argentina, Uruguai e Paraguai), que, consoante seu art. 17º, item 4, apenas derrogou os ajustes bilaterais celebrados entre os Estados-Partes.

O Acordo de Seguridade Social do Mercosul, no entanto, não tem aplicabilidade ao caso dos autos.

Segundo o art. 8º daquele ajuste internacional, os períodos de seguro ou contribuição cumpridos antes da vigência do presente Acordo serão considerados no caso de que o trabalhador tenha períodos de seguro ou contribuição posteriores a essa data, desde que estes não tenham sido utilizados anteriormente na concessão de prestações pecuniárias em outro país.

Por outro lado, o Acordo Multilateral de Seguridade Social do Mercado Comum do Sul entrou em vigor, no plano internacional, em 01.06.2005, consoante disposição de seu art. 17º, tendo sido publicado no Brasil, por meio do Decreto n. 5.722 do Presidente da República, somente em 13.03.2006.

Na hipótese em exame, porém, a atividade laboral que a parte autora pretende ver reconhecida está limitada, consoante os próprios termos da inicial, a 20.03.2003.

Assim, observada a regra acima transcrita, resta evidente a impossibilidade de reconhecimento, com base em tal acordo multilateral, da atividade desenvolvida, no Uruguai, pelo demandante entre os anos de 1964 e 1976, ainda que considerada a data da entrada em vigor do ajuste no plano internacional como sendo aquela que autorizou a aplicação de suas normas.

Cumpre salientar, por fim, que o Acordo Multilateral de Seguridade Social do Mercosul não implica em reconhecimento automático de atividades laborais prestadas nos Estados-Partes, sendo necessária a observância do procedimento burocrático estabelecido no Regulamento Administrativo, celebrado também no âmbito internacional.

O direito invocado pelo demandante, portanto, deve ser examinado segundo as normas substanciais e procedimentais estabelecidas no Acordo de Previdência Social, celebrado entre Brasil e Uruguai em 27.01.1977, aprovado no âmbito interno pelo Decreto Legislativo n. 068/78 e promulgado pelo Decreto n. 85.248/80, do Presidente da República.

Segundo tal acordo bilateral, o art. VII, item 2, o cômputo dos períodos trabalhados nos signatários reger-se-á pela legislação do país onde tenham sido realizados os serviços respectivos. Ademais, conforme o art. V do mesmo ajuste, a entidade gestora do país em que não foi apresentado o pedido de aposentadoria deverá informar se o interessado comprova os períodos de serviços cumpridos em seu território, informação essa a ser prestada à entidade similar do país onde foi formulado o pleito de concessão de benefício.

Não foi outro o procedimento da autarquia previdenciária.

Instruído o pedido do autor, foi enviado, em dezembro de 2004 (fl. 107), ofício ao Banco de Previsión Social do Uruguai, solicitando análise e pronunciamento sobre o tempo de atividade laboral exercida naquele país.

Ante a inércia da instituição uruguaia, foi enviado novo ofício (fl. 109), no qual foi solicitada, inclusive, brevidade no pronunciamento.

O Banco de Previsión Social manifestou-se em setembro de 2006 (fls. 111/117) requerendo a indicação de testemunhas para comprovação do tempo de serviço do autor, o que, após as diligências pertinentes, foi atendido pela autarquia previdenciária em outubro daquele ano.

Assim, não é possível vislumbrar desídia ou ineficiência do INSS no atendimento do requerimento do autor, sendo a demora para exame da solicitação decorrente da necessidade de obter, nos termos do acordo internacional que regula a matéria, parecer de instituição de previdência alienígena.

Não há, portanto, ilegalidade a ser sanada pela via jurisdicional.

Logo, não havendo vício no procedimento do INSS e não sendo possível o reconhecimento direto de atividade laboral prestada no exterior, impõe-se o julgamento de improcedência do pleito deduzido na inicial.

Em face do juízo de improcedência ora firmado, resta ausente a verossimilhança das alegações do demandante e prejudicada, por consequência, a concessão do pedido de antecipação de tutela por ele formulado.

Por derradeiro, supro omissão da sentença para condenar a parte autora ao pagamento das custas processuais e dos honorários advocatícios, os quais fixo em R$ 510,00 (quinhentos e dez reais), restando suspensa a sua exigibilidade em razão da concessão do benefício da Assistência Judiciária Gratuita (fl. 34).

DISPOSITIVO:

Diante do exposto, voto no sentido de suprir omissão da sentença e negar provimento à apelação da parte autora, nos termos da fundamentação retro.

Juiz Federal GUILHERME PINHO MACHADO

Relator

ACÓRDÃO 2

APELAÇÃO CÍVEL N. 0000395-67.2010.404.9999/SC

RELATOR:	Des. Federal JOÃO BATISTA PINTO SILVEIRA
APELANTE:	INSTITUTO NACIONAL DO SEGURO SOCIAL — INSS
ADVOGADO:	Procuradoria-Regional do INSS
APELADO:	ARI KOCH
ADVOGADO:	Eloa Fatima Daneluz

EMENTA

PREVIDENCIÁRIO. PROCESSUAL CIVIL. AGRAVO RETIDO IMPROVIDO. CONCESSÃO DE APOSENTADORIA POR IDADE RURAL. SEGURADO ESPECIAL. REGIME DE ECONOMIA FAMILIAR. EXERCÍCIO NO PARAGUAI. CARÊNCIA.

Segundo prevê o Acordo Multilateral de Seguridade Social do Mercado Comum do Sul, o período de labor rural exercido em outro país, *in casu* no Paraguai, não é hábil para caracterização de lapso carencial quando ausente a certificação do labor pelo outro Estado signatário.

ACÓRDÃO

Vistos e relatados estes autos em que são partes as acima indicadas, decide a Egrégia 6ª Turma do Tribunal Regional Federal da 4ª Região, por maioria, **negar provimento ao agravo retido, extinguir o feito sem julgamento de mérito e julgar prejudicada a apelação do INSS e a remessa oficial**, vencido o Juiz Federal Loraci Flores de Lima, nos termos do relatório, votos e notas taquigráficas que ficam fazendo parte integrante do presente julgado.

Porto Alegre, 10 de agosto de 2010.

Desembargador Federal JOÃO BATISTA PINTO SILVEIRA

Relator

RELATÓRIO

Cuida-se de apelação interposta em face da sentença que julgou procedente o pedido da parte autora, condenando o INSS a:

a) conceder à parte autora o benefício de APOSENTADORIA POR IDADE RURAL, no valor de um salário mínimo mensal, a contar da data do requerimento administrativo (16-04-2008 — fl. 122);

b) adimplir as prestações devidas corrigidas monetariamente pelo IGP-DI, a partir do vencimento de cada prestação, acrescidas de juros moratórios de 1% ao mês, a partir da citação;

c) arcar com as custas processuais pela metade e com os honorários advocatícios, estes fixados em 10% sobre o valor das prestações vencidas até a data da prolação da sentença, nos termos da Súmula 111 do STJ.

Apela a Autarquia Previdenciária, postulando a reforma do julgado. Postula, preliminarmente, a apreciação do agravo retido interposto à fl. 153, por meio do qual requer seja anulado todos os atos processuais posteriores à audiência de instrução e julgamento ocorrida em 06-05-2009. Alega que a testemunha Carmelinda Silvestri estava impedida de depor, em razão de ser mãe do genro da parte autora.

No mérito, sustenta que a parte autora pretende o reconhecimento e cômputo de atividade rural exercida no exterior, porém não há qualquer previsão desta possibilidade no Acordo Multilateral de Seguridade Social do Mercado Comum do Sul, já que este regula o aproveitamento de períodos contributivos realizados em um Estado-Parte, para fins de concessão de benefício em outro. Ademais, alega que, na hipótese de reconhecimento do período rural sem contribuição, verifica-se nos autos que os documentos juntados para comprovar a atividade rural no exterior não estão devidamente certificados pelo país de origem.

Por fim, requer a reforma da sentença para que sejam fixados os honorários advocatícios de sucumbência em, no máximo, 5% sobre o valor das parcelas em atraso até a data da condenação.

Sem contrarrazões, subiram os autos a esta Corte.

É o relatório. À revisão.

Desembargador Federal JOÃO BATISTA PINTO SILVEIRA

Relator

VOTO

Em relação à remessa oficial, o Colendo Superior Tribunal de Justiça, por sua Corte Especial (EREsp 934642/PR, Rel. Min. Ari Pargendler, julgado em 30-06-2009), prestigiou a corrente jurisprudencial que sustenta ser inaplicável a exceção contida no § 2.º, primeira parte, do art. 475 do CPC aos recursos dirigidos contra sentenças ilíquidas, relativas a relações litigiosas sem natureza econômica, declaratórias e constitutivas/desconstitutivas insuscetíveis de produzir condenação certa ou de definir objeto litigioso de valor certo (v.g., REsp. 651.929/RS).

Assim, em matéria previdenciária, as sentenças proferidas contra o Instituto Nacional do Seguro Social só não estarão sujeitas ao duplo grau obrigatório se a condenação for de valor certo (líquido) inferior a sessenta salários mínimos.

Não sendo esse o caso dos autos, dou por interposta a remessa oficial.

Em atenção ao disposto no art. 523, §1º, do Código de Processo Civil, conheço do agravo retido interposto à fl. 153, já que requerida expressamente a sua análise em sede recursal.

Postula o INSS a anulação de todos os atos processuais posteriores à audiência de instrução e julgamento, visto que a testemunha Carmelinda Silvestri é mãe do esposo da filha do autor.

Sem razão ao apelante.

Como bem mencionado pelo magistrado: *"essa situação não conduz ao vínculo legal de parentesco por afinidade, nada estando a demonstrar que a depoente possua interesse no resultado do julgamento da presente causa, mesmo por que eventual procedência do pedido não trará benefício direto ao filho da depoente pelo seu vínculo matrimonial com a filha dos autores.[...]"* (fl. 153).

Desse modo, não merece ser provido o agravo retido do INSS.

A questão controversa nos presentes autos cinge-se acerca do direito da parte autora à concessão de APOSENTADORIA POR IDADE RURAL (NB 146.486.034-0), desde a data do requerimento administrativo (16.04.2008 — fl. 53).

Inicialmente, cumpre esclarecer o conceito de segurado especial.

A área do imóvel rural não se constitui fator determinante do conceito de segurado especial, porquanto, para fins de concessão de benefício previdenciário a essa espécie de segurado, a legislação determina que as atividades rurais sejam exercidas individualmente ou em regime de economia familiar, dispondo, ainda, o art. 11º, que:

Art. 11º. São segurados obrigatórios da Previdência Social as seguintes pessoas físicas:

(omissis)

VII — como segurado especial: o produtor, o parceiro, o meeiro e o arrendatário rurais, o garimpeiro, o pescador artesanal e o assemelhado, que exerçam suas atividades, individualmente ou em regime de economia familiar, ainda que com o auxílio eventual de terceiros, bem como seus respectivos cônjuges ou companheiros e filhos maiores de 14 (quatorze) anos ou a eles equiparados, desde que trabalhem, comprovadamente, com o grupo familiar respectivo.

§ 1º — Entende-se como regime de economia familiar a atividade em que o trabalho dos membros da família é indispensável à própria subsistência e é exercido em condições de mútua dependência e colaboração, sem a utilização de empregados.

Como se vê, não há imposição, na norma previdenciária, seja o trabalho rural, do segurado especial, vinculado à dimensão de terras em que exercida a atividade agrícola. Ademais, não está na definição de regime de economia familiar a extensão da propriedade, requisito específico da Lei n. 4.504/64 (Estatuto da Terra) que regula os direitos e obrigações concernentes aos bens imóveis rurais, precipuamente, para fins de execução de reforma Agrária e promoção da Política Agrícola, não se mostrando, assim, razoável descaracterizar a condição de segurado especial do requerente com fundamento na extensão da propriedade explorada por sua família.

Além disso, o auxílio de terceiros (vizinhos, boias-frias) em determinados períodos não elide o direito postulado, consoante o inciso VII do art. 11º da Lei n. 8.213/91, visto que se trata de prática comum no meio rural.

Outrossim, o fato de o imóvel, hoje, se localizar em zona urbana ou de o requerente residir em zona urbana, por si só, não descaracteriza a sua condição de segurado especial. Nesse sentido, já se manifestou esta e. Corte, senão vejamos:

PREVIDENCIÁRIO. APOSENTADORIA RURAL POR IDADE. INÍCIO DE PROVA MATERIAL. DOCUMENTOS EM NOME DE TERCEIROS. AGRICULTOR RESIDENTE NA ZONA URBANA. ADMISSIBILIDADE.

1. Os documentos em nome de terceiros (pais/cônjuge) consubstanciam início de prova material do trabalho rural desenvolvido em regime de economia familiar, independentemente do agricultor residir na zona urbana ou na zona rural no próprio imóvel em que exerce suas funções.

2. Para a concessão de aposentadoria rural por idade, necessário o preenchimento do requisito de idade mínima (55 anos para a mulher) e a prova do exercício da atividade rural no período de carência, de acordo com a tabela constante do art. 142º da Lei n. 8.213/91.

3. Demonstrada a atividade rural através de início razoável de prova material, complementada por testemunhos idôneos colhidos em juízo, a parte autora faz jus ao benefício pleiteado.

4. O fato de a autora residir na cidade não descaracteriza a sua condição de segurada especial, porquanto o que define essa condição é o exercício de atividade rural independentemente do local onde o trabalhador possui residência.

(EIAC n. 16045/PR, TRF4, 3ª Seção, Rel. Juiz Ricardo Teixeira do Valle Pereira, DJU de 11/02/2004, p.325)

Por fim, ressalta-se que o fato de o cônjuge exercer atividade outra que não a rural também não serve para descaracterizar automaticamente a condição de segurado especial de quem postula o benefício, pois, ainda que considerado como trabalhador rural individual, sua situação encontra guarida no art. 11, VII, da Lei n. 8.213/91, sendo certo também que incumbia à Autarquia a prova de que a subsistência da família era garantida pelo salário do cônjuge, e não pela atividade rural desenvolvida pelo requerente.

A concessão de aposentadoria rural por idade, devida a partir da DER, está condicionada à comprovação do implemento da idade mínima exigida, de sessenta anos para o homem e de cinquenta e cinco anos para a mulher, e do labor rural correspondente ao período de carência relativo ao ano da data de entrada do requerimento administrativo (DER entre 01-09-1994 e 28-4-1995) ou relativo ao ano em que cumprido o requisito etário (na vigência da Lei n. 9.032/95, a partir de 29.04.1995), contado retroativamente à data da implementação dos requisitos, ainda que a atividade se dê de forma descontínua, ou, se nesta ocasião não tiver sido ele implementado, por um dos subsequentes previstos na tabela anexa ao art. 142, antes citado, não importando que, após preenchidos tais pressupostos, sobrevenha a perda daquela condição, a teor do art. 102, § 1º da Lei de Benefícios. A concessão do benefício independe, pois, de recolhimento de contribuições previdenciárias.

No caso em que o requerimento administrativo e o implemento da idade mínima tenham ocorrido antes de 31-08-1994 (data da publicação da Medida Provisória n. 598, que introduziu alterações na redação original do art. 143 da Lei de Benefícios, sucessivamente reeditada e posteriormente convertida na Lei n. 9.063/95), o segurado deve comprovar o exercício de atividade rural, anterior ao requerimento, por um período de 5 anos (60 meses), não se aplicando a tabela do art. 142 da Lei n. 8.213/91.

Quanto à demonstração do exercício da atividade rural, encontra-se averbado no parágrafo 3º do art. 55º da Lei de Benefícios da Previdência que a comprovação do tempo de serviço para os efeitos desta Lei, inclusive mediante justificação administrativa ou judicial, conforme o disposto no art. 108, só produzirá efeito quando baseada em início de prova material, não sendo admitida prova exclusivamente testemunhal, salvo na ocorrência de motivo de força maior ou caso fortuito, conforme disposto no Regulamento.

Complementando a matéria, cuidou o legislador de elencar no art. 106º do mesmo Diploma os meios destinados à demonstração do exercício da atividade rural e, ainda que se entenda o referido rol meramente enunciativo, à evidência, alguma prova material há de ser produzida.

Registra-se que o início de prova material, consoante interpretação sistemática da lei, será feito mediante documentos que comprovem o exercício da atividade rural, devendo ser contemporâneos ao período de carência, ainda que parcialmente.

De outro modo, não há impedimento a que sejam considerados os documentos emitidos em período próximo ao controverso, desde que indiquem a continuidade dessa atividade.

No caso concreto

Para a comprovação do trabalho agrícola no período de carência, foram juntados aos autos documentos, dos quais se destacam:

a) certificado de reservista de 1ª categoria, em nome do autor, no município de Foz do Iguaçu/PR, atestando que foi incorporado no ano de 1964 (fl. 17);

b) certidão de casamento do autor, datada de 1967, na qual o mesmo encontra-se qualificado como lavrador (fl. 18);

c) certidões de nascimento dos filhos do autor, datadas de 1969 e 1971, qualificando-o como agricultor (fl. 19-20);

d) carteira de admisión permanente, emitida pela Dirección General de Migraciones, emitida no ano de 2000, com validade de 5 anos (fl. 21);

e) carteira de registro, emitida pela Dirección General de Migraciones em 1999 (fl. 21);

f) carteira de registro extranjero, em nome do autor, qualificando-o como agricultor, datada de 1984, emitida pela Delegación de Gobierno Alto Parana (fl. 21);

g) carteira de registro único de contribuinte, emitido pelo Ministerio del Paraguay, no ano de 2005 (fl. 21);

h) notas fiscais diversas, em nome do autor, datadas de 1974 até 1976, 2001 até 2004 e 2007, referentes à comercialização de produtos agrícolas (fls. 22-31 e 34-46);

i) documento emitido pelo Poder Judicial da Republica del Paraguay, de Registro de la Propriedad, em nome do autor, datado de 1984 (fl. 32);

j) certificado de antecedentes, emitido pela Policia de la capital no ano de 1988 (fl. 33).

Inquiridas, em audiência realizada em 06-05-2009, as testemunhas **Carmelinda Silvestri, Alcinda Paravise e Itacir Boito** (fls. 153-5), advertidas, compromissadas e não impugnadas pelo Instituto Previdenciário, restou confirmado que a parte autora trabalhou na agricultura durante o período de carência.

Para ilustrar, cabe transcrever os depoimentos.

Carmelinda Silvestri

"Que conhece o autor e sua esposa há cerca de 20 anos, mais ou menos; que conheceu o casal no Paraguai, onde a depoente adquiriu uma gleba de terra que era próxima do terreno deles; que

o terreno onde o casal morava era de propriedade deles; que não sabe qual era a metragem do terreno de Nelsi e Ari, mas sabe que plantavam soja, milho e trigo; que nunca perguntou ao casal, mas o costume na região era comercializar o excedente da produção que sobrasse do custeio da propriedade; que naquela época o casal tinha dois filhos, um rapaz e uma moça, que ainda estavam em idade escolar, não sabendo dizer se ajudavam os pais nos trabalhos na agricultura; que nunca viu e nem soube que o casal Nelsi e Ari tivessem empregados na propriedade rural; que via a utilização de uma trilhadeira na colheita na propriedade de Ari e Nelsi, sendo que viu essa máquina algumas vezes também no galpão da propriedade, pelo que acreditava que pertencia ao casal; que não tem certeza, mas lhe parece que Ari e Nelsi voltaram para o Brasil há uns dois ou três anos, mais ou menos; que está prestes a completar 16 anos que a depoente voltou do Paraguai; que depois de retornar ao Brasil continuou mantendo contato com Ari e Nelsi, inclusive porque o filho da depoente é casado com a filha deles e por isso sabe que eles continuaram exercendo a agricultura naquele país, até retornarem ao Brasil."

Alcinda Paravise

"Que conhece o casal Ari e Nelsi há uns 14 anos, mais ou menos; que nessa época eles residiam no Paraguai e se ocupavam de agricultura; que sabe que o terreno que cultivavam era próprio e plantavam soja e outras culturas, conforme eles próprios contavam para a depoente; que eles também contavam que vendiam parte da produção do terreno; que faz quase três anos que o casal retornou ao Brasil, e moram perto da depoente; que o casal reside em terreno rural e continuam exercendo agricultura, tendo plantado milho e um pouco de feijão para o consumo; que pelo que sabe Ari e Nelsi venderam parte da safra de milho e o feijão foi só para o consumo; que conheceu Ari quando ainda era jovem, morava com os pais e exerciam agricultura. [...] que nunca morou no Paraguai, e também nunca foi a passeio onde moravam Ari e Nelsi; que no terreno onde moram e cultivam, Ari e Nelsi não tem empregados e utilizam uma trilhadeira na colheita da safra; que, pelo que sabe, essa máquina pertence ao casal; que nunca viu e nem soube que Ari e Nelsi tenham trabalhado em outra atividade que não a agricultura."

Itacir Boito

"Que conhece Ari e Nelsi há três anos; que os dois trabalham na agricultura em terras próprias; que este terreno é localizado no bairro Cooper; que não tem certeza mas lhe parece que o imóvel fica na área rural, não sabendo dizer qual a metragem do terreno; que eles cultivam feijão e milho; que sabe que uma parte da produção é comercializada; que Ari e Nelsi não tem empregados no serviço na lavoura e também não utilizam maquinário agrícola, dizendo que nunca viu nenhuma trilhadeira sendo utilizada na propriedade; que sabe que o casal residia no Paraguai e antes de vir para esta comarca; que naquele país 'eles trabalhavam na roça', em terra própria; que Ari dizia para o depoente que plantava soja e outros produtos. [...] que nunca teve conhecimento que Ari e Nelsi tenham trabalhado em qualquer atividade que não a lavoura."

Nos presentes autos, cabem algumas digressões a respeito da possibilidade de se computar como prazo carencial período laborado, em regime de economia familiar, em outro país (Paraguai).

Entendo que o fato do requerente exercer atividade como rurícola, no Paraguai, estando, assim, vinculado a outro Sistema Previdenciário, não o enquadra como segurado, durante este período, ao Regime de Previdência Social brasileiro.

Desta forma, assume importância a lei do lugar de prestação do trabalho para a determinação da legislação aplicável. Acerca do assunto, consigna-se o disposto no art. 9º, *caput*, da Lei de Introdução ao Código Civil:

Art. 9º: Para qualificar e reger as obrigações, aplicar-se-á a lei do país em que se constituírem.

É indiscutível que, nesse entremeio, o autor achava-se vinculado a sistema previdenciário diverso, ocorrendo à memória a promulgação do Acordo Multilateral de Seguridade Social do Mercado

Comum do Sul (Decreto 5.722, de 13 de março de 2006), que ampliou o esquema protetivo a Nações que o agasalharam, dentre as quais, o Paraguai.

Percebe-se, de pronto, que os direitos à Seguridade Social restaram reconhecidos não só aos que prestam, senão, também, aos que prestaram, serviços nos Estados-Partes, reconhecendo-lhes os mesmos direitos e deveres imanentes aos nacionais, desimportando, de tal forma, a anterioridade da execução da função ao advento do mencionado Decreto:

Art. 2º

1. Os direitos à Seguridade Social serão reconhecidos aos trabalhadores que prestem ou tenham prestado serviços em quaisquer dos Estados-Partes, sendo-lhes reconhecidos, assim como a seus familiares e assemelhados, os mesmos direitos e estando sujeitos às mesmas obrigações que os nacionais de tais Estados-Partes com respeito aos especificamente mencionados no presente Acordo.

Ainda, em conformidade com o assentado no art. 4º da avença:

Art. 4º

O trabalhador estará submetido à legislação do Estado-Parte em cujo território exerça a atividade laboral.

Todavia, a fim de que hábil à consideração como tempo de serviço, este deve ser certificado pelo país em que desempenhadas as atividades sob a forma do art. 6º, item 1, alínea "a", do Regulamento Administrativo à Aplicação do Acordo:

Art. 6º

1. De acordo com o previsto no art. 7º do Acordo, os períodos de seguro ou contribuição cumpridos no território dos Estados-Partes serão considerados, para a concessão das prestações por velhice, idade avançada, invalidez ou morte, observando as seguintes regras:

a) Cada Estado-Parte considerará os períodos cumpridos e certificados por outro Estado, desde que não se superponham, como períodos de seguro ou contribuição, conforme sua própria legislação;

No caso em tela, o autor, hoje, está exercendo atividades em solo nacional e, uma vez aplicada a legislação pátria, desponta a impossibilidade de atendimento à sua pretensão, à mingua de um dos pressupostos necessários, ou seja, a comprovação do cumprimento do requisito carencial.

Tendo o autor completado 60 anos em 10-06-2005, carência correspondente a 144 meses, consoante tabela estampada no art. 142 da Lei n. 8.213/91, verifica-se que, de acordo com o conjunto probatório acostado aos autos, o lapso carencial se deu em solo estrangeiro, o que demanda a certificação do país no qual foram desempenhadas as atividades laborais, como anteriormente referido.

Dessa forma, torna-se inviável a possibilidade de contagem dos períodos cumpridos no Paraguai, tendo em vista a inexistência, no presente caderno processual, da competente certificação, sob pena de ofensa ao Regulamento de regência.

Nesse sentido, veja-se precedente desta insigne Corte:

PREVIDENCIÁRIO. APOSENTADORIA RURAL POR IDADE. TRABALHADOR RURAL. SEGURADO ESPECIAL. REGIME DE ECONOMIA FAMILIAR. EXERCÍCIO NO PARAGUAI. CARÊNCIA.

Período laborado, em regime de economia familiar, em outro país, in casu no Paraguai, não é hábil para caracterização de lapso carencial quando ausente a certificação do labor pelo outro Estado signatário do Acordo Multilateral de Seguridade Social do Mercado Comum do Sul.

(AC n. 2009.72.99.001067-1/SC, TRF4, 6ª Turma, Rel. Victor Luiz dos Santos Laus, D.E. de 29.07.2009)

Tenho me adequado à orientação majoritária da 3ª Seção, no sentido de julgar improcedentes as ações nos casos de ausência de prova, em que pese tenha outro entendimento. Todavia, no caso concreto, dada a especificidade do tipo de prova necessária à demonstração do tempo laborado, regulada em acordo internacional, não sendo, assim, de conhecimento geral, tenho por bem extinguir a ação sem julgamento do mérito.

Assim, extingo, sem julgamento de mérito, forte no art. 267, VI, do CPC, o reconhecimento de labor rural a fim de possibilitar ao demandante a obtenção da certificação do labor rural prestado no Paraguai, conforme determinado no acordo, alhures já mencionado, para posterior requisição de benefício de aposentadoria por idade rural.

Considerando a sucumbência da parte autora, esta deve ser condenada em custas e honorários advocatícios fixados em R$ 510,00 (quinhentos e dez reais), restando suspensa a exigibilidade de tais verbas face à concessão da assistência judiciária gratuita (art. 12, Lei n. 1.060/50).

Nessas condições, na forma da fundamentação, **voto por negar provimento ao agravo retido, extinguir o feito, sem julgamento de mérito, e julgar prejudicada a apelação do INSS e a remessa oficial.**

Desembargador Federal JOÃO BATISTA PINTO SILVEIRA

Relator

VOTO-VISTA

Peço vênia para divergir do e. Relator, que entende possível a extinção do processo sem resolução do mérito. Afigura-me mais correta, na hipótese dos autos, o provimento da remessa oficial e do recurso interposto pelo INSS, julgando-se improcedente o pedido de aposentadoria.

Observo, inicialmente, que fui relator, ainda na e. Turma Suplementar desta Corte Regional, da AC n. 2009.72.99.002600-9/SC, ocasião em que não foi reconhecido o direito ao benefício de aposentadoria então pleiteado pela esposa do ora recorrido, sra. Nelsi Koch.

Naquela oportunidade, no que agora interessa ao exame do feito, assim me pronunciei, *verbis*:

No intuito de comprovar o efetivo trabalho rural, tanto no exterior como em território brasileiro, a autora trouxe aos autos, entre outros, os seguintes documentos:

a) certidão de casamento da autora em 14-01-1967, na qual seu marido é qualificado como "lavrador" (fl. 17);

b) certidão de nascimento de Vaine Mariza Koch, filha da autora, constando a profissão do marido da autora como "agricultor", datada de 08-08-1969 (fl. 18);

c) certidão de nascimento de Roselene Edla Koch, filha da autora, constando a profissão do marido da autora como "lavrador", datada de 28-05-1971 (fls. 19);

d) notas fiscais de produtor rural emitidas em nome da autora pela Cooperativa Agrícola Rondon, referentes aos anos de 1974, 1975 e 1976 (fls. 20-27);

e) notas fiscais de produtor rural em nome do marido da autora, referentes ao ano de 1976 (fls. 28-29).

f) notas fiscais de produtor rural em nome da autora juntamente com seu marido, referentes aos anos de 2004, 2006 e 2007 (fls. 40-44)

g) Comprovante de Venda de Mercadorias, referente à soja comercializada pelo marido da autora quando residiam no Paraguai, nos anos de 1999-2000 (fl. 33);

O problema que surge na hipótese dos autos é que a autora, por quase trinta anos, entre 1977 e 2006, teria residido no Paraguai, aonde ela e o marido tinham uma propriedade em que plantavam soja e outros cultivos. Isso se vê, com bastante clareza, dos depoimentos das fls. 148 a 150 e, de resto, pelos documentos das fls. 97 a 106.

Na prática, então, considerando como carência o período de 132 meses anteriores à data do implemento do requisito etário, em 26-02-2003 (porquanto nascida em 26-02-1948), ou seja, no período de 1991 a 2003, resulta que a autora quer uma aposentadoria por idade, como segurada especial, considerando exclusivamente o período em que residiu e trabalhou noutro País.

Essa situação, tenho eu, não autoriza a concessão do benefício reclamado neste feito. Primeiro, não se pode olvidar que o Regime de Previdência Social de que trata a LBPS não favorece os brasileiros que exercem suas atividades no Exterior, pois do contrário todo brasileiro – e são milhares – que reside e trabalha noutro País teria direito de reclamar benefícios junto ao INSS. A exceção que se verifica é por conta das hipóteses previstas expressamente no art. 11, alíneas "c", "e" e "f" da Lei n. 8.213/91.

Fora isso, é preciso considerar que a possibilidade de reconhecimento de trabalho para fins de benefício previdenciário realizado nos países do MERCOSUL, regulada pelo acordo multilateral de Seguridade Social do Mercado Comum do Sul e seu Regulamento Administrativo, de 15 de dezembro de 1997, internalizado pelo Decreto n. 5.722 de 13 de março 2006, trata de garantir aos brasileiros que trabalham nos Países signitários daquele Acordo a mesma proteção que é assegurada aos cidadãos daquele País, ou seja, o brasileiro que trabalha no Paraguai, e.g., vai ter direito, por conta daquela norma, de perceber os benefícios que a legislação previdenciária paraguaia assegura aos demais trabalhadores que têm aquela nacionalidade. Por outro lado, se o trabalhador quer pleitear o benefício aqui no Brasil, o aproveitamento do serviço prestado naquele País somente é possível na forma em que prevista no parágrafo 3º do art. 7º do Regulamento, ou seja, é preciso que o Estado no qual foi prestado o serviço reconheça, em face da sua legislação, quais os "períodos de seguro ou contribuição creditados ao trabalhador sob sua própria legislação" (art. 10, parágrafo 1º, "a", do Regulamento.).

A rigor, o fato do Brasil não exigir o recolhimento de contribuições para o segurado especial que exerce a atividade rural em regime de economia familiar não impede o Paraguai de o fazê-lo, até porque, segundo o art. 4º do Decreto 5.722/06, é a legislação do Estado-Parte em cujo território a atividade foi prestada que regula os benefícios decorrentes do exercício daquela atividade.

No caso, não havendo manifestação do Organismo de Ligação do Paraguai, não há como conceder o benefício simplesmente reconhecendo o trabalho que a autora teria prestado naquele País.

Embora aquela decisão, evidentemente, não tenha nenhum efeito vinculativo com a hipótese agora em julgamento, tenho que a situação fática ora examinada é exatamente a mesma, ou seja, o autor da ação quer uma aposentadoria, como segurado especial, porque exerceu a atividade rural noutro País, no Paraguai, e não há como reconhecer o direito a tal benefício sem que o tempo de serviço, alegadamente trabalhado naquelas condições, tenha sido reconhecido naquele País.

Não bastasse tal circunstância, tenho que a realidade exposta nos autos acaba não confirmando o trabalho do autor em regime de economia familiar.

É que as testemunhas ouvidas, dentre as quais a sogra de uma filha do autor, prestaram depoimentos um tanto genéricos, ora não conhecendo a propriedade em que o autor trabalhava no Paraguai, sem qualquer referência ao tamanho da propriedade, ora divergindo sobre e existência de máquina colheitadeira e outros maquinários que pudessem definir, enfim, se o trabalho era efetivamente realizado em regime de economia familiar.

Neste ponto, aliás, os documentos acostados aos autos, notadamente a partir da fl. 34, sugerem uma comercialização de produtos, como soja, de forma bastante aleatória, sem que seja possível verificar que a produção entregue nos silos era realmente compatível com a produção obtida em regime de economia familiar.

Invertida a sorte da demanda, condeno o autor ao pagamento das custas processuais e honorários advocatícios do patrono do réu, que arbitro em 10% sobre o valor atualizado da causa. Entretanto, como o autor litiga ao abrigo da assistência judiciária, a exigibilidade de tal verba fica condicionada à prova de alteração do estado de miserabilidade legal do demandante, observado o prazo de que trata o art. 12 da Lei n. 1.060/50.

Ante o exposto, voto por dar provimento ao recurso e à remessa oficial, julgando a ação improcedente.

LORACI FLORES DE LIMA

ACÓRDÃO 3

APELAÇÃO/REEXAME NECESSÁRIO N. 2004.71.04.009576-7/RS

RELATOR:	Des. Federal LUÍS ALBERTO D' AZEVEDO AURVALLE
APELANTE:	ENRIQUE MANUEL EIRAS MAYO
ADVOGADO:	Igor Loss da Silva
APELANTE:	INSTITUTO NACIONAL DO SEGURO SOCIAL — INSS
ADVOGADO:	Procuradoria-Regional do INSS
APELADO:	(Os mesmos)
REMETENTE:	JUÍZO SUBSTITUTO DA 02ª VF DE PASSO FUNDO

EMENTA

PREVIDENCIÁRIO. APOSENTADORIA POR TEMPO DE SERVIÇO. CONCESSÃO. RECONHECIMENTO DE ATIVIDADE ESPECIAL. COMPROVAÇÃO. CONVERSÃO. TEMPO DE SERVIÇO NO EXTERIOR (REPÚBLICA ARGENTINA). ACORDO BILATERAL DE SEGURIDADE SOCIAL (DECRETO N. 87.918/82). *TEMPUS REGIT ACTUM.* ACORDO MULTILATERAL DE SEGURIDADE SOCIAL DO MERCOSUL (DECRETO N. 5.722/06). APLICAÇÃO A ATOS JURÍDICOS FUTUROS. POSSIBILIDADE. TOTALIZAÇÃO DOS PERÍODOS DE CONTRIBUIÇÃO. POSSIBILIDADE. CÁLCULO DE RMI. PROPORCIONALIDADE. BENEFÍCIO EVENTUALMENTE COMPOSTO DE DUAS PARCELAS, SE SATISFEITOS OS REQUISITOS EM AMBOS OS PAÍSES. DETERMINAÇÃO DA CONCESSÃO DO BENEFÍCIO NA ARGENTINA. IMPOSSIBILIDADE. TRÂMITE DE PEDIDO DE APOSENTADORIA PELOS ORGANISMOS DE LIGAÇÃO.

1. Uma vez exercida atividade enquadrável como especial sob a égide da legislação que a ampara, o segurado adquire o direito ao reconhecimento como tal e ao acréscimo decorrente da sua conversão em tempo de serviço comum no âmbito do Regime Geral de Previdência Social. A Lei n. 9.711/98 e o Regulamento Geral da Previdência Social aprovado pelo Decreto n. 3.048, de 06-05-1999, resguardam o direito adquirido de os segurados terem convertido o tempo de serviço especial em comum, até 28-05-1998, observada, para fins de enquadramento, a legislação vigente à época da prestação do serviço.

2. Até 28-04-1995 é admissível o reconhecimento da especialidade por categoria profissional ou por sujeição a agentes nocivos, aceitando-se qualquer meio de prova (exceto para ruído); a partir de 29-04-1995 não mais é possível o enquadramento por categoria profissional, devendo existir comprovação da sujeição a agentes nocivos por qualquer meio de prova até 05-03-1997 e, a partir de então e até 28-05-1998, por meio de formulário embasado em laudo técnico, ou por meio de perícia técnica.

3. Nos termos do que preconiza a regra do *tempus regit actum,* tendo o segurado laborado na Argentina entre a década de 1960 e 1970, bem como datando o requerimento administrativo de 2000, deve-se aplicar o Decreto n. 87.918/82 para fins de verificação do seu direito à contagem do tempo laborado no exterior, bem como à concessão de aposentadoria por tempo de serviço no Brasil.

4. Aplicação do Decreto n. 5.722/06 quanto a questões de procedimentos ainda pendentes, ressaltando-se não se tratar de aplicação retroativa, porque referente a atos ainda inocorridos, estando, desde já, ressalvados os direitos adquiridos.

5. A verificação do direito à aposentadoria em cada Estado Acordante se dará com a soma ("totalização", nos termos do Decreto n. 87.918/82) dos períodos laborados em cada um dos países, como "se os períodos de seguro totalizados houvessem sido cumpridos sob sua própria legislação" (art. VIII, a do Decreto n. 87.918/82). É possível que o segurado possua, quando do requerimento de concessão, apenas direito à aposentadoria em um dos Estados Acordantes, o que não impede a concessão proporcional.

6. Os valores correspondentes a cada entidade gestora (Brasil e Argentina) serão resultantes da *proporção* estabelecida entre o período totalizado e o tempo cumprido sob a legislação de seu próprio Estado, vedada a concessão de benefício com valor inferior a um salário-mínimo (art. XII, a do Decreto n. 87.918/82, bem como do art. 201, § 2º).

7. Não é de competência deste juízo verificar o direito do autor à aposentadoria na República Argentina, pela impossibilidade de sua condenação ao pagamento, em decorrência das imunidades de jurisdição e execução, insuperáveis no caso. O próprio Acordo Bilateral de Seguridade Social do Brasil e da Argentina (Decreto n. 87.918/82) determina que o exame de mérito — do direito à aposentadoria — caberá, independentemente, a cada Estado Acordante, não se podendo questionar a decisão de aposentadoria.

8. O trâmite do pedido de aposentadoria na Argentina deve ocorrer através dos "Organismos de Ligação" (art. 1º, do Decreto n. 5.722/06 c/c art. 2º, n. 3 da regulamentação administrativa do Acordo de Seguridade Social do Mercosul) com o estabelecimento de regras para apresentação, por meio deles, de solicitações ao outro país Acordante, quanto às prestações pecuniárias (Título VI da regulamentação administrativa do Acordo de Seguridade Social do Mercosul).

ACÓRDÃO

Vistos e relatados estes autos em que são partes as acima indicadas, decide a Egrégia Turma Suplementar do Tribunal Regional Federal da 4ª Região, por unanimidade, **determinar a implantação do benefício, dar parcial provimento ao apelo do autor, parcial provimento ao apelo do INSS e parcial provimento à remessa oficial**, nos termos do relatório, votos e notas taquigráficas que ficam fazendo parte integrante do presente julgado.

Porto Alegre, 11 de fevereiro de 2010.

Desembargador Federal Luís Alberto d'Azevedo Aurvalle

Relator

RELATÓRIO

ENRIQUE MANUEL EIRAS MAYO, espanhol residente no Brasil (fls. 02 e 14), nascido em 17-02-46 (fl. 10), ajuizou ação ordinária contra o Instituto Nacional do Seguro Social, objetivando a contagem dos períodos de labor urbano na República da Argentina, na empresa "*Molinos Rio de La Plata S/A*", entre **12-02-64 e 31-07-69 e 01-04-72 e 31-10-77**. Da mesma forma, requereu o reconhecimento da especialidade do labor nos períodos de **02-01-78 a 30-04-79 e de 18-08-81 a 31-12-86 (Embrasa — Indústria de Embalagens) e de 01-01-87 a 23-09-93 (Olvebra Industrial S/A)**, desempenhados no Brasil. Consequentemente, postulou a concessão de sua aposentadoria por tempo de serviço junto ao INSS, desde a DER (19-10-00, fl. 31).

Sentenciando (fls. 207/223), o MM. Juízo monocrático, afastando a prescrição quinquenal, julgou parcialmente procedentes os pedidos, reconhecendo o tempo de labor do autor exercido no exterior, no período de **12-02-64 a 31-07-69 e de 01-04-72 a 31-10-77,** com base no que dispõem os art. 2º, 2; art. 7º e art. 11 do Decreto n. 87.918/82, bem como considerando as certidões de tempo de serviço fornecidas pela ANSES (*Administración Nacional de la Seguridad Social*). Quanto à especialidade postulada, reconheceu o exercício laborativo sob condições insalubres nos períodos compreendidos entre **02-01-78 e 30-04-79 e entre 18-08-81 e 31-12-86 (Embrasa — Indústria de Embalagens).** Assim, somando-se os períodos reconhecidos em juízo com aqueles já averbados na via administrativa, possui o autor 34 anos, 1 mês e 10 dias de tempo de serviço quando da DER. Contudo, considerou o juízo que, com a EC n. 20/98, a aposentadoria por tempo de contribuição passou a exigir, além da carência, o tempo de serviço de 35 anos, bem como que o segurado do sexo masculino completasse 53 anos de tempo de serviço e, ainda, que realizasse o pedágio (20% para aposentadoria integral). Assim, conquanto tenha o segurado implementado os 53 anos de idade exigidos, não implementou o pedágio, já que na DER possuía pouco mais de 34 anos de tempo de serviço e não os 35 anos da aposentadoria integral, de tal forma que seu benefício somente pode ser concedido com base nas regras *anteriores* à EC n. 20/98.

Desse modo, implementou o autor, em 16-12-98, **32 anos, 3 meses e 9 dias** de tempo de serviço, possuindo direito à aposentadoria proporcional, com RMI de 82% do salário de benefício. Considerando o dever de proporcionalidade no pagamento do benefício deferido, determinou que o INSS arcasse com 65,56% do benefício do autor, percentual em conformidade com o disposto no art. 8º do Decreto n. 87.918/82 (Decreto Presidencial de ratificação e promulgação do Acordo de Previdência Social entre o Brasil e a Argentina). O cálculo para a obtenção de tal percentual assim se realizou: se 32 anos, 3 meses e 9 dias de tempo de serviço, são 100% do total do autor, então 11 anos e 14 dias (tempo exercido na Argentina) representam 34,44%, percentual em relação ao qual arcará. O INSS, pois, arcará com o resto, os mencionados 65,56% do salário de benefício, desde a DER. Sobre as parcelas em atraso determinou a incidência de juros de mora de 12% ao ano, da citação, bem como de correção monetária pelo IGP-DI, do vencimento. Quanto aos honorários advocatícios, fixou-as em 10% sobre as parcelas vencidas até a sentença, cabendo ao INSS arcar com 2/3 e o autor com 1/3, os quais são compensáveis. Quanto às custas, o INSS deverá ressarcir o autor em 2/3 das mesmas. Sujeitou a sentença ao reexame necessário.

Opostos embargos de declaração pelo autor (fls. 228/231), os quais foram rejeitados, considerando o juízo *a quo* que não houve obscuridade quanto à forma de realização da proporcionalidade do pagamento do salário de benefício, bem como que não se reconheceu a insalubridade no período de 01-01-87 a 23-09-93, porquanto o laudo não apontou exposição à agente insalubre (fls. 236/238).

Apelou o autor (fls. 241/253), postulando, em síntese, a reforma da sentença para a procedência dos pedidos. Sustentou, assim, que as regras do Acordo de Seguridade Social entre o Brasil e a Argentina determinam a responsabilidade solidária, de forma que o INSS é quem deve arcar, integralmente, com o benefício de aposentadoria do autor, devendo, também a autarquia previdenciária, tomar as medidas necessárias para buscar a compensação na Argentina. Alegou, ainda, que tal compensação seria análoga à contagem recíproca do Regime Geral com o tempo de outro regime. Da mesma forma, quanto à sua RMI, entendeu que deve ser computado o tempo de serviço posterior à EC n. 20/98, mas, ao mesmo tempo, é devido que se mantenha a forma de cálculo da RMI anterior à Lei n. 9.876/99, pois já possuía direito adquirido à aposentadoria. Postulou o prequestionamento da matéria em análise.

Apelou o INSS (fl. 274/276), sustentando, em síntese, que até o presente momento não houve resposta da Argentina, devendo-se suspender o processo até que se tenha ciência da decisão da mesma.

Com contrarrazões de ambas as partes (fls. 189/196 e 199/203), subiram os autos a esta Corte.

É o relatório. À revisão.

Desembargador Federal Luís Alberto d'Azevedo Aurvalle

Relator

VOTO

Cinge-se a lide no direito à contagem dos períodos de labor urbano na República da Argentina, na empresa *"Molinos Rio de La Plata S/A"*, entre **12-02-64 e 31-07-69 e 01-04-72 e 31-10-77**. Da mesma forma, controverte-se o reconhecimento da especialidade do labor nos períodos de **02-01-78 a 30-04-79 e de 18-08-81 a 31-12-86 (Embrasa — Indústria de Embalagens) e de 01-01-87 a 23-09-93 (Olvebra Industrial S/A),** com a consequente concessão de sua aposentadoria por tempo de serviço, desde a DER (19-10-00, fl. 31).

Remessa Oficial

Inicialmente, cabe anotar que o art. 475, §2º, do CPC não tem aplicação na espécie, porquanto nesta fase do processo não é possível determinar se o valor da controvérsia recursal é inferior a sessenta salários-mínimos.

Prescrição quinquenal

Em se tratando de benefício previdenciário de prestação continuada, a prescrição não atinge o fundo de direito, mas somente os créditos relativos às parcelas vencidas há mais de cinco (5) anos da data do ajuizamento da demanda, consoante iterativa jurisprudência dos Tribunais. Assim, não há que se falar em prescrição de parcelas no caso em tela.

Requisitos para a aposentadoria por tempo de serviço/contribuição após a EC n. 20/98

Cumpre referir que, com a promulgação da EC n. 20/98, em 16-12-98, ocorreram profundas modificações no que concerne à aposentadoria por tempo de serviço, a qual passou a se denominar aposentadoria por tempo de contribuição, permitida tão somente pelas novas regras na forma integral (RMI 100%), aos 30/35 (mulher/homem) anos de contribuição, sem exigência de idade mínima.

Assegurou a aludida Emenda, no *caput* do art. 3º, a concessão de Aposentadoria por Tempo de Serviço, a qualquer tempo, aos segurados do RGPS que, até a data da publicação da Emenda (16-12-98), tivessem cumprido os requisitos para a obtenção desse benefício com base nos critérios da legislação então vigente (carência + tempo de serviço: ATS no valor de 70% do salário de benefício aos 25M/30H anos de tempo de serviço + 6% para cada ano, até o limite de 100%, aos 30M/35H anos de tempo de serviço).

E para aqueles segurados filiados ao RGPS até 16-12-98 e que não tenham atingido o tempo de serviço exigido pelo regime anterior, aplicam-se as regras de transição (art. 9º da EC n. 20/98). Os requisitos da idade mínima e pedágio somente prevaleceram para a aposentadoria proporcional (53 anos/H e 48 anos/M e 40% sobre o tempo que faltava, em 16-12-98, para o direito à aposentadoria proporcional). Os exigidos para a aposentadoria integral (idade mínima e pedágio de 20%) não se aplicam por serem mais gravosos ao segurado, entendimento, aliás, reconhecido pelo próprio INSS na Instrução Normativa INSS/DC n. 57/2001, mantido nos regramentos subsequentes.

Após a Lei n. 9.876/99, publicada em 29-11-99, o período básico de cálculo (PCB) passou a abranger todos os salários de contribuição (desde 07-1994), e não mais apenas os últimos 36 (o que foi garantido ao segurado até a data anterior a essa lei — art. 6º), sendo, ainda, introduzido o fator previdenciário no cálculo do valor do benefício.

Tempo de serviço exercido na República Argentina

Postula o autor a utilização — para fins de aposentadoria por tempo de serviço no Brasil, junto ao INSS — do tempo de trabalho urbano exercido na República Argentina, nos períodos de **12-02-64 a 31-07-69 e de 01-04-72 a 31-10-77** (na empresa *"Molinos Rio de La Plata S/A"*).

Para tanto, necessário analisar as normas incidentes no caso em tela. Inicialmente, ressalta-se a existência do Acordo de Seguridade Social entre o Governo da República Federativa do Brasil e o

Governo da República Argentina, assinado em 20-08-80, referendado pelo Congresso Nacional através do Decreto Legislativo n. 95/82 e, por fim, ratificado e promulgado pela Presidência Nacional, no Decreto n. 87.918/82, o qual entrou em vigor em 07-12-82. Assim, cumpridas todas as etapas para internalização do Acordo Bilateral, pode-se afirmar que o mesmo passou a pertencer à ordem jurídica interna do Brasil a partir de tal data.

Saliente-se, da mesma forma, a existência do Acordo Multilateral de Seguridade Social do Mercado Comum do Sul (MERCOSUL), promulgado pela Presidência Nacional com o Decreto n. 5.722 de 2006.

(a) **Da aplicação do Decreto n. 87.918/82**

No caso em tela, tenho que se aplicam as normas do Decreto n. 87.918/82 para fins de verificação do direito do autor à utilização do tempo de labor na Argentina, bem como em relação aos benefícios previdenciários passíveis de serem concedidos em tais condições, consoante preconiza a regra *tempus regit actum*. Nesse sentido, a norma do art. 17º, n. 4 do Decreto 5.722 de 2006 (Acordo Multilateral de Seguridade Social do MERCOSUL):

Art. 17, n. 4 — A partir da entrada em vigor do presente Acordo, **ficarão derrogados os Acordos Bilaterais de Seguridade Social ou de Previdência Social** *celebrados entre os Estados-Partes.* **A entrada em vigor do presente Acordo não significará em nenhum caso a perda de direitos adquiridos ao amparo dos mencionados Acordos Bilaterais.** (grifo nosso)

Portanto, a derrogação do Acordo Bilateral entre a Argentina e o Brasil somente tem efeitos para relações futuramente constituídas, não atingindo, até por conformidade constitucional, direitos adquiridos. Dessa forma, o requerente, caso tenha cumprido os requisitos contidos no Decreto n. 87.918/82, possuirá *direito adquirido* ao cômputo de tais períodos nos termos daquela normativa, porquanto já havia ocorrido todos os fatos constitutivos do seu direito, pendendo apenas, para a ocorrência da consequência jurídica, condição suspensiva, qual seja, o requerimento administrativo da inclusão de tal tempo de serviço para fins de aposentação.

Maior razão se agrega a tais argumentos, considerando que *também* o requerimento administrativo de concessão do benefício junto ao INSS, a partir do reconhecimento do tempo de serviço no exterior, *deu-se de forma prévia* ao ingresso no ordenamento jurídico brasileiro do Decreto n. 5.722 de 2006, já que datado do ano de 2000 (fl. 31).

Não é impeditivo da análise do pedido de reconhecimento e cômputo de tempo de serviço, para fins de aposentadoria junto ao INSS, o fato de o autor ter exercido o labor na Argentina em anos anteriores à entrada em vigor do Decreto n. 87.918/82, o que somente ocorreu em 07-12-82 (após, pois, os períodos de **12-02-64 a 31-07-69 e de 01-04-72 a 31-10-77**). Assim se entende pela interpretação da norma contida no art. XI, n. 1, a qual dispõe:

"Art. XI, n. 1 — Os períodos de serviço cumpridos antes do início da vigência do presente Acordo só serão considerados quando os interessados tenham períodos de serviço a partir dessa data".

Como o autor somente cessou seu labor, pelo que consta dos autos, no ano de 2000, é aplicável o Decreto precitado.

(b) **Dos segurados abrangidos pelo Decreto n. 87.918/82**

O requerente, ainda que não seja nacional de nenhum dos países acordantes (porquanto espanhol), é dotado dos mesmos direitos que aqueles, nos termos da norma do **art. II, n. 2** que segue:

"Art. 2º, n. 2 — As mencionadas legislações se aplicarão também aos trabalhadores de **qualquer outra nacionalidade** *que prestem ou tenham prestado serviços no Brasil e na Argentina,* **quando residam em um dos Estados contratantes".**

A prova da residência no Estado brasileiro consta das fls. 26 e 27 dos autos, nas quais foram juntadas a carteira de identidade de estrangeiro do autor, bem como contas telefônicas e boletos bancários, a partir das quais se verifica o endereço do autor.

(c) Da utilização do tempo de serviço na Argentina para fins de aposentadoria por tempo de serviço no Brasil: norma aplicável e prova do exercício

O art. I, n. 1, alínea A, letra a, n. 5 do Decreto n. **87.918/82** refere que o presente acordo se aplica no Brasil à legislação previdenciária relativa à *aposentadoria por tempo de serviço*, de forma que o pedido do autor está tutelado, ao menos nesse tocante, nos termos do Acordo Bilateral de Seguridade Social do Brasil e da Argentina (consoante, ainda, art. 547 da Instrução Normativa do INSS n. 20 de 2007).

A norma aplicável para fins de reconhecimento e utilização do tempo de serviço laborado na Argentina consta do art. VII, n. 1, que determina:

*"Art. VII, 1 — os períodos de serviços cumpridos em épocas diferentes em ambos os Estados Contratantes poderão ser totalizados para concessão das prestações previstas no art. I. **O cômputo desses períodos se regerá pela legislação do país onde tenham sido prestados os serviços respectivos"**. (grifo nosso)*

Desse modo, no caso em tela, é a legislação argentina quem rege o direito à averbação do tempo de labor urbano do autor. Mais do que isso, é a própria República Argentina — e não a República Federativa do Brasil — quem tem o poder-dever de reconhecer tal tempo, nos termos do Decreto n. 87.918/82. A situação assemelha-se à contagem recíproca, na qual se utiliza tempo de serviço junto ao Regime Geral da Previdência para fins de aposentadoria junto ao Regime Previdenciário do servidor público, a partir da uma certidão expedida pelo INSS, ausente qualquer legitimidade da autoridade competente junto ao Regime de Previdência estatutário para afastar a decisão do INSS ou reconhecer, por si mesma, o período postulado.

A forma de se perfectibilizar tal mecanismo é através dos "organismos de ligação", cuja definição, ausente no Acordo Bilateral de Seguridade Social entre o Brasil e Argentina, passou a constar do Acordo Multilateral de Seguridade Social do Mercosul: "*Art. 1º, d — 'Organismo de Ligação': organismo de coordenação entre as instituições que intervenham na aplicação do Acordo*". Já estava determinado, contudo, desde o Decreto n. 87.918/82, que, para fins de sua aplicação, os Estados Acordantes poderiam instituir organismos de ligação, mediante a comunicação à autoridade competente do outro Estado. A República Argentina, a partir disso, já havia determinado que seus organismos de ligação seriam a ANSES (*Administração Nacional de Seguridade Social*) e ANSSAL (*Administração Nacional do Seguro de Saúde*), mas somente com a Regulamentação Administrativa do Brasil acerca do Acordo Multilateral de Seguridade Social do Mercosul é que se explicitou, por ato normativo no Brasil, tais organismos de ligação da República Argentina, consagrando a prática (art. 2º, n. 3 da regulamentação administrativa do Decreto n. 5.722/06).

Dito isso, para fins de comprovação do tempo de serviço exercido no exterior, é de grande relevância o que preconiza o art. XVIII, n. 2: "***todos os atos e documentos** que, em virtude do presente acordo, tiverem de ser apresentados, **ficam isentos de tradução oficial, visto e legalização** por parte das autoridades diplomáticas ou consulares e de registro público, **sempre que tenham tramitado por um dos órgãos de ligação ou entidade gestora**"* (grifo nosso)**.**

Da interpretação de tal norma, tenho que o INSS se equivoca no caso em tela, ao exigir do autor, para fins de comprovação do seu labor na Argentina, o preenchimento de formulários para envio de requerimento ao Organismo de Ligação na Argentina, a fim de que o mesmo envie CTC (conforme se verifica das razões do apelo do INSS, bem como às fls. 190 e 191 dos autos). Ora, as Certidões de Tempo de Serviço já foram juntadas aos autos pelo autor (fls. 33 e 35), tendo sido expedidas *exatamente* pelo órgão de ligação na Argentina, a ANSES, de forma que carecem de necessidade de tradução, bem como têm o efeito imediato do reconhecimento do tempo de serviço do autor naquele Estado e, portanto, de aceitação pelo Brasil, sem análise do mérito do reconhecimento, nos termos do exposto.

Assim, deve-se reconhecer o tempo de serviço do autor na República Argentina, consoante as CTCs das fls. 33 e 35, nos períodos de **12-02-64 a 31-07-69 e de 01-04-72 a 31-10-77,** totalizando **11 anos e 21 dias.** A verificação do direito à aposentadoria em cada Estado Acordante se dará com a soma ("totalização", nos termos do Decreto n. 87.918/82) dos períodos laborados em cada um dos países, como "se os períodos de seguro totalizados houvessem sido cumpridos sob sua própria legislação" (consoante art. VIII, a do Decreto n. 87.918/82).

Atividade especial

Com relação ao reconhecimento da atividade exercida como especial, é de ressaltar-se que o tempo de serviço é disciplinado pela lei em vigor à época em que efetivamente exercido, passando a integrar, como direito adquirido, o patrimônio jurídico do trabalhador. Desse modo, uma vez prestado o serviço sob a égide de legislação que o ampara, o segurado adquire o direito à contagem como tal, bem como à comprovação das condições de trabalho na forma então exigida, não se aplicando retroativamente uma lei nova que venha a estabelecer restrições à admissão do tempo de serviço especial.

Nesse sentido, aliás, é a orientação adotada pela Terceira Seção do Egrégio Superior Tribunal de Justiça (AGREsp n. 493.458/RS, Relator Ministro Gilson Dipp, Quinta Turma, DJU de 23-06-2003, p. 429, e REsp n. 491.338/RS, Relator Ministro Hamilton Carvalhido, Sexta Turma, DJU de 23-06-2003, p. 457), a qual passou a ter previsão legislativa expressa com a edição do Decreto n. 4.827/2003, que alterou a redação do art. 70º, § 1º, do Decreto n. 3.048/99.

Feita essa consideração e tendo em vista a diversidade de diplomas legais que se sucederam na disciplina da matéria, necessário inicialmente definir qual a legislação aplicável ao caso concreto, ou seja, qual a legislação vigente quando da prestação da atividade pela parte autora.

Tem-se, então, a seguinte evolução legislativa quanto ao tema *sub judice*:

a) no período de trabalho até 28-04-95, quando vigente a Lei n. 3.807/60 (Lei Orgânica da Previdência Social) e suas alterações e, posteriormente, a Lei n. 8.213/91 (Lei de Benefícios), em sua redação original (arts. 57 e 58), é possível o reconhecimento da especialidade do trabalho quando houver a comprovação do exercício de atividade enquadrável como especial nos decretos regulamentadores e/ou na legislação especial ou quando demonstrada a sujeição do segurado a agentes nocivos por qualquer meio de prova, exceto para ruído, em que necessária sempre a aferição do nível de decibéis por meio de perícia técnica, carreada aos autos ou noticiada em formulário emitido pela empresa, a fim de se verificar a nocividade ou não desse agente;

b) a partir de 29-04-95, inclusive, foi definitivamente extinto o enquadramento por categoria profissional, de modo que, no interregno compreendido entre esta data e 05-03-97, em que vigentes as alterações introduzidas pela Lei n. 9.032/95 no art. 57 é da Lei de Benefícios, necessária a demonstração efetiva de exposição, de forma permanente, não ocasional nem intermitente, a agentes prejudiciais à saúde ou à integridade física, por qualquer meio de prova, considerando-se suficiente, para tanto, a apresentação de formulário-padrão preenchido pela empresa, sem a exigência de embasamento em laudo técnico;

c) no lapso temporal compreendido entre 06-03-97, data da entrada em vigor do Decreto n. 2.172/97, que regulamentou as disposições introduzidas no art. 58 da Lei de Benefícios pela Medida Provisória n. 1.523/96 (convertida na Lei n. 9.528/97), e 28-05-98, data imediatamente anterior à vigência da Medida Provisória n. 1.663/98 (convertida na Lei n. 9.711/98), que vedou a conversão do tempo especial em comum, passou-se a exigir, para fins de reconhecimento de tempo de serviço especial, a comprovação da efetiva sujeição do segurado a agentes agressivos por meio da apresentação de formulário-padrão, embasado em laudo técnico, ou por meio de perícia técnica.

d) após 28-05-1998 não é mais possível a conversão de tempo especial para comum (art. 28 da MP 1.663/98, convertida na Lei n. 9.711/98).

Essas conclusões são suportadas por remansosa jurisprudência do Superior Tribunal de Justiça (RESP 461.800/RS, 6ª Turma, Rel. Min. Hamilton Carvalhido, DJU 25.02.2004, p. 225; RESP513.832/PR, 5ª Turma, Rel. Min. Laurita Vaz, DJU 04.08.2003, p. 419; RESP 397.207/RN, 5ª Turma, Rel. Min. Jorge Scartezzini, DJU 01.03.2004 p. 189).

Para fins de enquadramento das categorias profissionais, devem ser considerados os Decretos n.s 53.831/64 (Quadro Anexo — 2ª parte) e 83.080/79 (Anexo II) até 28-04-95, data da extinção do reconhecimento da atividade especial por presunção legal. Já para o enquadramento dos agentes nocivos, devem ser considerados os Decretos n.s 53.831/64 (Quadro Anexo — 1ª parte) e 83.080/79 (Anexo I) até 05-03-97 e o Decreto n. 2.172/97 (Anexo IV) no interregno compreendido entre 06-03--97 e 28-05-98. Além dessas hipóteses de enquadramento, sempre possível também a verificação da especialidade da atividade no caso concreto, por meio de perícia técnica, nos termos da Súmula n. 198 do extinto Tribunal Federal de Recursos (STJ, AGRESP n. 228832/SC, Relator Ministro Hamilton Carvalhido, Sexta Turma, DJU de 30-06-2003, p. 320).

Especificamente quanto ao agente nocivo ruído, o Quadro Anexo do Decreto n. 53.831, de 25-03-1964, o Anexo I do Decreto n. 83.080, de 24-01-1979, o Anexo IV do Decreto n. 2.172, de 05-03-1997, e o Anexo IV do Decreto n. 3.048, de 06-05-1999, alterado pelo Decreto n. 4.882, de 18-11-2003, consideram insalubres as atividades que expõem o segurado a níveis de pressão sonora superiores a 80, 85 e 90 decibéis, de acordo com os Códigos 1.1.6, 1.1.5, 2.0.1 e 2.0.1, *in verbis*:

Período trabalhado	Enquadramento	Limites de tolerância
Até 05.03.1997	1. Anexo do Decreto n. 53.831/64; 2. Anexo I do Decreto n. 83.080/79;	1. Superior a 80 dB; 2. Superior a 90 dB.
De 06.03.1997 a 06.05.1999	1. Superior a 80 dB; 2. Superior a 90 dB;	Superior a 90 dB.
De 07.05.1999 a 18.11.2003	Anexo IV do Decreto n. 3.048/99, na redação original;	Superior a 90 dB.
A partir de 19.11.2003	Anexo IV do Decreto n. 3.048/99, com a alteração introduzida pelo Decreto n. 4.882/2003;	Superior a 85 dB.

Quanto ao período anterior a 05-03-97, já foi pacificado, em sede da Seção Previdenciária desta Corte (EIAC 2000.04.01.134834-3/RS, Rel. Desembargador Federal Paulo Afonso Brum Vaz, DJU, Seção 2, de 19-02-2003, p. 485) e também do INSS na esfera administrativa (Instrução Normativa n. 57/2001 e posteriores), que são aplicáveis concomitantemente, para fins de enquadramento, os Decretos n.s 53.831/64 e 83.080/79 até 05-03-97, data imediatamente anterior à publicação do Decreto n. 2.172/97. Desse modo, até então, é considerada nociva à saúde a atividade sujeita a ruídos superiores a 80 decibéis, conforme previsão mais benéfica do Decreto n. 53.831/64.

Todavia, considerando que esse novo critério de enquadramento da atividade especial veio a beneficiar os segurados expostos a ruídos no ambiente de trabalho, bem como tendo em vista o caráter social do direito previdenciário, é cabível a aplicação retroativa da disposição regulamentar mais benéfica, considerando-se especial a atividade quando sujeita a ruídos superiores a 85 decibéis desde 06.03.97, data da vigência do Decreto n. 2.172/97.

Em resumo, é admitida como especial a atividade em que o segurado ficou exposto a ruídos superiores a 80 decibéis até 05-03-1997 e, a partir de então, acima de 85 decibéis, desde que aferidos esses níveis de pressão sonora por meio de perícia técnica, trazida aos autos ou noticiada no preenchimento de formulário expedido pelo empregador.

Concernente aos Equipamentos de Proteção Individual (EPI), tem-se entendido que a mera informação a respeito de sua existência não tem o condão de fazer presumir o afastamento por completo do agente agressor. São necessárias provas concretas da qualidade técnica do equipamento, descrição de seu funcionamento e efetiva medição do quantum que o aparelho pode elidir ou se realmente pode neutralizar totalmente o agente agressivo e, sobretudo, se é permanentemente utilizado pelo empregado. Entender de forma diversa implicaria quase sempre no indeferimento da aposentadoria especial, posto que a Lei n. 9.732/98 exige apenas "informações sobre a existência de tecnologia de proteção coletiva ou individual que diminua a intensidade do agente agressivo a limites de tolerância e recomendação sobre a sua adoção pelo estabelecimento respectivo".

Ora, compete ao poder público fiscalizar as exigências da lei. Não cabe, porém, em caráter genérico e meramente formal, solicitar das empresas uma afirmação nesse sentido. Qualquer empresa que forneça equipamento de proteção dirá que eles são realmente eficientes, até para não provocar a atenção da administração quanto a este aspecto. Qualquer referência à neutralização do agente agressivo por meio de equipamento de proteção deve ser palpável e concreto e não feita de maneira genérica. É indispensável que se comprove, pelo uso de tecnologia e mediante demonstração razoável, que o equipamento neutraliza o agente, se de fato é permanentemente utilizado e desde que período. Ou seja, a mera notícia do uso de equipamento de proteção individual não descaracteriza a nocividade causada ao ser humano, não sendo motivo para afastar a conversão do tempo de trabalho especial quando não houver prova de sua real efetividade.

Do caso em apreço

Na hipótese vertente, o período controverso de atividade laboral exercidos em condições especiais está assim detalhado:

Período:	02-01-78 a 30-04-79 e de 18-08-81 a 31-12-86
Empresa:	**Olvebra Industrial S.A — divisão Embrasa — Indústria de Embalagens**
Função:	Supervisor Mecânico Manual (local de trabalho: mecânica de produção e gerência industrial) e Supervisor Geral da Mecânica de Produção (local de trabalho: mecânica de produção).
Agente nocivo:	Ruído acima de 92 d(B) (**02-01-78 a 30-04-79**) e ruído acima de 91 d(B) (**18-08-81 a 31-12-86**), conforme laudo à fl. 133.
Enquadramento legal:	Código 1.1.6 do Decreto n. 53.831/64 e Código 1.1.5 do Anexo I do Decreto n. 83.080/79.
Provas:	Formulário DSS 8030 (fl. 48) e laudo pericial judicial (fls. 133).
Conclusão:	Restou devidamente comprovado nos autos o exercício de atividade especial pela parte autora no período antes indicado, conforme a legislação aplicável à espécie.

Períodos:	01-01-87 a 23-09-93
Empresa:	**Olvebra Industrial S.A**
Função:	Gerente industrial/Diretor (local de trabalho: Gerência Industrial e Diretoria).
Provas:	Formulários DSS 8030 (fl. 53) e laudo pericial da empresa (fls. 131).
Conclusão:	Não restou comprovado nos autos o exercício de atividade especial pela parte autora no período antes indicado, conforme a legislação aplicável à espécie.*

*Ainda que o formulário DSS8030 refira que o autor está submetido ao agente insalubre ruído na intensidade de 91 a 94 d(B), é preciso que tal informação decorra de laudo pericial da empresa, nos termos do exposto anteriormente. Contudo, o laudo da Olvebra S/A juntado aos autos claramente refere que no local de trabalho do autor não há a exposição dos trabalhadores a agentes insalubres, inexistindo especialidade da atividade do autor no período de **01-01-87 a 23-09-93**.

Conversão do tempo de serviço especial para comum

Admitida a especialidade da atividade desenvolvida no período antes examinado, mediante a utilização do fator multiplicador 1,4 (homem — 25 anos de especial para 35 anos de comum).

Procede-se, assim, à conversão do tempo de serviço especial para comum (**02-01-78 a 30-04-79 e de 18-08-81 a 31-12-86**), chegando-se ao acréscimo, ao tempo já reconhecido administrativamente, de **2 anos, 8 meses e 6 dias.**

Destarte, dirimida a questão acerca da comprovação do tempo de serviço controvertido, cabe a análise do direito à aposentadoria pretendida.

TOTAL DO TEMPO E DIREITO

I — tempo de serviço até a EC n. 20/98, em 16-12-98

Aposentadoria por tempo de serviço proporcional (regras antigas)

Considerando-se o período ora reconhecido com o tempo de serviço averbado pelo INSS na seara administrativa até 16-12-98 (demonstrativo da fl. 30), possui o autor tempo suficiente para a aposentadoria proporcional:

Períodos reconhecidos:	Anos	Meses	Dias
Tempo de serviço urbano na República Argentina (em juízo)	11	00	21
Tempo especial (em juízo)	02	08	06
Tempo urbano (administrativamente)	18	06	19
TOTAL (em 16-12-98)	32	03	16

Tendo o segurado implementado tempo de serviço suficiente para a obtenção da aposentadoria em 16-12-98, data anterior à vigência da EC n. 20/98, a carência legalmente exigida é de 102 (cento e dois) meses, consoante o disposto no art. 142 da Lei n. 8.213/91 (redação dada pela Lei n. 9.032/95), o que restou devidamente comprovado nos autos conforme documento da fl. 30.

Constata-se que, em 16-12-98, a parte autora tinha direito adquirido à concessão da aposentadoria por tempo de serviço proporcional pelas regras anteriores à EC n. 20/98, com renda mensal inicial de 82% (oitenta e dois por cento) do salário de benefício e cálculo deste pela média aritmética simples dos últimos 36 (trinta e seis) salários de contribuição considerados até dezembro/98.

II — tempo de contribuição (serviço) até 28.11.99 (dia anterior ao início da vigência da Lei n. 9.876/99):

Aposentadoria por tempo de serviço (regras de transição)

Não tendo o segurado implementado o tempo de serviço/contribuição para a concessão da aposentadoria integral da lei do fator Previdenciário, aplicam-se as regras de transição constantes do art. 9º, § 1º, da EC n. 20/98 (tempo de serviço/contribuição, idade mínima, carência e pedágio).

Restringindo-se o cômputo do tempo de serviço/contribuição a 28-11-99 (documento da fl. 32), possui o autor o seguinte tempo de serviço, suficiente à obtenção de aposentadoria por tempo de serviço:

Períodos reconhecidos:	Anos	Meses	Dias
Tempo de serviço urbano na República Argentina (em juízo)	11	00	21
Tempo especial (em juízo)	02	08	06
Tempo urbano (administrativamente)	19	06	01
TOTAL (em 28-11-99)	33	02	28

Tempo de serviço/contribuição: preenchimento

Tendo o segurado atingido até 28-11-99 o tempo de serviço/contribuição mínimo exigido (25M/30H), passa a valer-se das regras de transição.

Idade mínima (48M/53H): implemento

Para a contagem do tempo de serviço/contribuição e utilização dos salários de contribuição após a EC n. 20/98, necessário o preenchimento do requisito idade, tendo o autor implementado-o em 28-11-99, já que nascido em 17-02-46 (fl. 32).

Carência: preenchimento

Atingido pelo segurado o tempo de serviço em 1999, o prazo de carência é de 108 (cento e oito) meses, a teor do art. 142 da lei n. 8.213/91 (redação da lei n. 9.032/95), devidamente comprovada nos autos, consoante demonstrativo juntado à fl. 32.

Pedágio: zero

O pedágio correspondente a 40% (quarenta por cento) do tempo faltante para a aposentadoria proporcional em 16-12-1998 equivale a zero, porquanto o autor já perfazia o tempo necessário para o benefício naquela época (mais de 30 anos).

Desse modo, preenchida a carência e o tempo de serviço exigido para a aposentadoria proporcional até 28-11-99, possui o segurado direito à concessão de aposentadoria por tempo de serviço proporcional, pelas regras de transição (art. 9º da EC n. 20/98), com RMI de 85% do salário de benefício, calculado com base nos últimos 36 (trinta e seis) salários de contribuição, considerados até novembro/99 (art. 6º da Lei n. 9.876/99). Não incide nesta hipótese a Lei n. 9.876/99 (Lei do Fator Previdenciário).

III — tempo de contribuição (serviço) até a DER (19-10-00, fl. 31):

Aposentadoria por tempo de serviço (regras de transição)

Computando-se o tempo de serviço/contribuição até a data do requerimento administrativo em 19-10-00 (demonstrativo da fl. 31), possui o autor o seguinte tempo de serviço, suficiente à obtenção de aposentadoria por tempo de serviço:

Períodos reconhecidos:	Anos	Meses	Dias
Tempo de serviço na República Argentina (em juízo)	11	00	21
Tempo especial (em juízo)	02	08	06
Tempo urbano (administrativamente)	20	06	22
TOTAL (em 19-10-00)	34	03	19

Tempo de serviço/contribuição: preenchimento

Tendo a segurada atingido até 19-10-00 o tempo de serviço/contribuição mínimo exigido (25M/30H), passa a valer-se das regras de transição.

Idade mínima (48M/53H): implemento

Para a contagem do tempo de serviço/contribuição e utilização dos salários de contribuição após a EC n. 20/98, necessário o preenchimento do requisito idade, tendo o autor implementado em 19-10-00, porquanto nascido em 17-02-46 (fl. 32).

Carência: preenchimento

Atingido pela segurada o tempo de serviço em 2000, o prazo de carência é de 114 (cento e quatorze) meses, a teor do art. 142º da lei n. 8.213/91 (redação da lei n. 9.032/95), devidamente comprovada nos autos, consoante demonstrativo juntado à fl. 31.

Pedágio: zero

O pedágio correspondente a 40% (quarenta por cento) do tempo faltante para a aposentadoria proporcional em 16-12-1998 equivale a zero, porquanto o autor já perfazia o tempo necessário para o benefício naquela época (30 anos de tempo de serviço).

Desse modo, preenchida a carência e o tempo de serviço exigido para a aposentadoria proporcional até 19-10-00, possui o segurado direito à concessão de aposentadoria por tempo de serviço proporcional, pelas regras de transição (art. 9º da EC n. 20/98), com RMI de 90% do salário de benefício, incidindo a Lei n. 9.876/99 no cálculo do salário de benefício (art. 29, inciso I, da Lei n. 8.213/91 — redação da Lei n. 9.876/99), mediante a apuração da média aritmética simples dos maiores salários de contribuição correspondente a 80% (oitenta por cento) de todo o período contributivo (desde 07-94), multiplicada pelo fator previdenciário.

Conclusão

a) a aposentadoria por tempo de serviço proporcional pelas regras antigas (até a data da EC 20/98), com RMI de 82%;

b) aposentadoria por tempo de serviço proporcional, pelas regras de transição (art. 9º da EC n. 20/98), com RMI de 85% do salário de benefício, não incidindo a Lei n. 9.876/99 no cálculo do salário de benefício;

c) aposentadoria por tempo de serviço proporcional, pelas regras de transição (art. 9º da EC n. 20/98), com RMI de 90% do salário de benefício, incidindo a Lei n. 9.876/99 no cálculo do salário de benefício (art. 29, inciso I, da Lei n. 8.213/91 — redação da Lei n. 9.876/99).

Assim, tem direito adquirido à aposentadoria, devendo a Autarquia previdenciária apurar e conceder o benefício mais benéfico ao demandante.

Do cálculo da RMI e do termo *a quo* do benefício

Considerando a peculiaridade do caso em tela, já que houve o cômputo de tempo de serviço do autor, o qual ocorreu na Argentina, apresenta-se as seguintes determinações sobre a forma de cálculo do salário de benefício, bem como sobre a proporcionalidade da responsabilidade do INSS.

O art. VIII do Decreto n. 87.918/82 regula o ponto nos seguintes termos:

*"Art. VIII — **As prestações a que os segurados abrangidos pelo presente Acordo, ou seus dependentes, têm direito** em virtude das legislações de ambos os Estados Contratantes, **em consequência da totalização dos períodos, serão liquidadas pela forma seguinte:***

a) a entidade gestora de cada Estado Contratante determinará separadamente o valor da prestação a que teria direito o interessado se os períodos de seguro totalizados houvessem sido cumpridos sob sua própria legislação;

*b) a quantia que corresponde a cada entidade gestora será o resultado da **proporção estabelecida entre o período totalizado e o tempo cumprido sob a legislação de seu próprio Estado.**"*
(grifo nosso)

Desse modo, no caso em tela, considerando que o autor possui direito à aposentação em duas hipóteses, deve-se analisar em cada um deles o percentual com que o INSS arcará e, desse modo, chegar ao valor total mais benéfico ao demandante.

Na hipótese de 16-12-98, o autor apresentou 32 anos, 3 meses e 16 dias de tempo de serviço, sendo que 11 anos e 21 dias foram trabalhados na Argentina. A partir de tais informações, nos termos da normativa supra, deve-se calcular o valor do salário de benefício do autor como se todos os períodos tivessem sidos trabalhados no Brasil e, depois disso, multiplicar o valor obtido pelo percentual de tempo trabalhado exclusivamente no Brasil. Será este, pois, o valor com que caberá ao INSS arcar, conforme cálculo a seguir:

a) salário de benefício x (tempo de serviço no Brasil)/ tempo de serviço total (tempo no Brasil + tempo na Argentina) = 82%(percentual da RMI) do salário de benefício X 65,7% (resultado da proporção).

Chega-se, assim, à determinação de que nesta primeira hipótese o valor a ser, efetivamente, pago pelo INSS será o resultado de 82% (percentual da RMI) multiplicado por 65,7% sobre o salário de benefício (em síntese: de **53,8% do salário de benefício)**.

Na hipótese de 28-11-99, o autor o autor apresentou 33 anos, 2 meses e 28 dias de tempo de serviço, sendo que 11 anos e 21 dias foram trabalhados na Argentina. A partir de tais informações, nos termos da normativa supra, deve-se calcular o valor do salário de benefício do autor como se todos os períodos tivessem sidos trabalhados no Brasil e, depois disso, multiplicar o valor obtido pelo percentual de tempo trabalhado exclusivamente no Brasil. Será este, pois, o valor com que caberá ao INSS arcar, conforme cálculo a seguir:

b) salário de benefício x (tempo de serviço no Brasil)/ tempo de serviço total (tempo no Brasil + tempo na Argentina) = 85%(percentual da RMI) do salário de benefício x 66,7% (resultado da proporção).

Chega-se, assim, à determinação de que nesta primeira hipótese o valor a ser, efetivamente, pago pelo INSS será o resultado de 85% (percentual da RMI) multiplicada por 66,7% sobre o salário de benefício (em síntese: de **56,6 % do salário de benefício)**.

Na hipótese da DER, o autor apresentou 34 anos, 3 meses e 19 dias de tempo de serviço, sendo que 11 anos e 21 dias foram trabalhados na Argentina. A partir de tais informações, nos termos da normativa supra, deve-se calcular o valor do salário de benefício do autor como se todos os períodos tivessem sidos trabalhados no Brasil e, depois disso, multiplicar o valor obtido pelo percentual de tempo trabalhado exclusivamente no Brasil. Será este, pois, o valor com que caberá ao INSS arcar, conforme cálculo a seguir:

c) salário de benefício x (tempo de serviço no Brasil)/ tempo de serviço total (tempo no Brasil + tempo na Argentina) = 90%(percentual da RMI) do salário de benefício x 67,6% (resultado da proporção).

Chega-se, assim, à determinação de que nesta primeira hipótese o valor a ser, efetivamente, pago pelo INSS será o resultado de 90% (percentual da RMI) multiplicada por 67,6% sobre o salário de benefício (em síntese: de **60,8% do salário de benefício)**.

Reitera-se, contudo, que o INSS deverá implantar, conforme antes determinado, o benefício que se mostrar mais benéfico ao demandante, ressaltando-se, por fim, a impossibilidade de concessão de aposentadoria inferior a um salário-mínimo ainda que assim se obtenha pela proporcionalidade do tempo de serviço (art. XII, a do Decreto n. 87.918/82, bem como do art. 201, § 2º). Isso significa, portanto, que a RMI "teórica" (considerando, hipoteticamente, que todo o tempo de serviço foi exercido no Brasil) não pode ser inferior a um salário-mínimo, embora assim possa ser a prestação final proporcional a ser paga pelo Brasil (exatamente porque o benefício é composto de duas parcelas — a do Brasil e a da Argentina — sendo que apenas a soma de ambas as parcelas não pode ser inferior a um salário-mínimo).

Da responsabilidade da República Argentina pela complementação da aposentadoria por tempo de serviço

Em seu apelo, o requerente preconiza a responsabilidade do INSS em relação à proporção da República Argentina, devendo ele, posteriormente, buscar ressarcimento junto aos Organismos de Ligação daquele país. No entanto, não é possível acolher tal argumentação.

A fim de solver a questão, adianta-se que a verificação do direito do autor à percepção de benefício junto à República Argentina dar-se-á com base no Acordo Bilateral de Seguridade Social do Brasil e da

Argentina (Decreto n. 87.918/82). Quanto às normas de procedimento para a apresentação de formulários e de eventuais transferências de recursos, será aplicado o Decreto n. 5.722/2006 (Acordo Multilateral de Seguridade Social do Mercosul), ressaltando-se, desde já, não se tratar de aplicação retroativa, já que tais atos ainda não ocorreram e, quando forem efetivados, deverão ser regidos pela norma atual, qual seja o Acordo Multilateral (Decreto n. 5.722/2006).

Dito isso, passo à análise do ponto. Em primeiro lugar, é necessário observar o que dispõe o art. IX do Decreto n. 87.918/82:

"**Art. IX** — *Quando o trabalhador, mediante a totalização, não satisfizer, simultaneamente, as condições exigidas nas legislações dos dois Estados Contratantes, o seu direito será determinado nos termos de cada legislação, à medida em que se vão cumprindo essas condições".*

O que se pressupõe em tal artigo, a partir da totalização (soma) dos períodos laborados em ambos os Estados, é a possibilidade de o segurado possuir direito à percepção de algum benefício previdenciário em um dos Acordantes e não no outro. Nesse caso, tenho que a regra é clara no sentido de que cada Estado é independente do outro, podendo conceder o benefício a que, nos termos de *sua* legislação, o segurado possui direito. A única questão é que arcará com o benefício apenas na proporção do tempo efetivamente laborado em seu país, consoante se calculou no caso em tela. Por fim, conforme expressamente refere a regra precitada, o direito do segurado, no país em que ainda não puder se aposentar, será determinado à medida em que cumprir as exigências pendentes. Por exemplo, caso um segurado ainda não tenha tempo suficiente para se aposentar na Argentina, embora tenha no Brasil, ele perceberá a aposentadoria junto ao INSS (na devida proporção do trabalho no Brasil) e, quando cumprir o requisito etário na Argentina, passará a perceber também aquele benefício argentino, da mesma forma, na proporção devida.

Se, ao contrário, possuir o segurado direito a se aposentar concomitantemente em ambos os países, aplicar-se-á a regra do art. VIII do Decreto n. 87.918/82, que segue:

"**Art. VIII** — **As prestações a que os segurados abrangidos pelo presente Acordo, ou seus dependentes, têm direito** *em virtude das legislações de ambos os Estados Contratantes,* **em consequência da totalização dos períodos, serão liquidadas pela forma seguinte:**

a) a entidade gestora de cada Estado Contratante determinará separadamente o valor da prestação a que teria direito o interessado se os períodos de seguro totalizados houvessem sido cumpridos sob sua própria legislação;

b) a quantia que corresponde a cada entidade gestora será o resultado da **proporção estabelecida entre o período totalizado e o tempo cumprido sob a legislação de seu próprio Estado."**
(grifo nosso)

Nos termos expostos, já restou calculado o valor que caberá ao INSS no caso em tela, porquanto o autor possui direito à aposentadoria por tempo de serviço no Brasil, a partir da totalização (soma) dos períodos laborados na República Federativa do Brasil e na República Argentina.

A República Argentina, por sua vez, verificará o direito à aposentadoria do autor nos termos da sua legislação, calculando o valor com que arcará na mesma forma do art. VIII do Decreto n. 87.918/82, qual seja, pela totalização dos períodos ali laborados, bem como os laborados no Brasil, com o pagamento proporcionalmente da renda, a partir da divisão do tempo laborado apenas na Argentina, com o tempo da totalização.

Contudo, não é de competência deste juízo verificar o direito do autor à aposentadoria na República Argentina. Ademais, sequer seria possível condenar à Argentina ao seu pagamento, pelas imunidades de jurisdição e execução que não são superáveis no caso. O próprio Acordo Bilateral de Seguridade Social do Brasil e da Argentina (Decreto n. 87.918/82) determina que o exame de mérito — do direito à aposentadoria — caberá, independentemente, a cada Estado Acordante, não podendo o outro questionar tal decisão de aposentadoria.

Não é por outra razão que o próprio Acordo — bem como a sua regulamentação — estabeleceu a forma de se perfectibilizar os mecanismos de reciprocidade instituídos. Após a criação dos Organismos de Ligação, já referidos no presente voto, estabeleceram-se regras para apresentação, através daqueles, de solicitações ao outro país acordante (Título VI do Decreto n. 5.722/06).

As principais solicitações são as de formulários acerca dos períodos de seguro ou contribuição ao trabalhador sobre sua própria legislação, bem como formulários para fins de pedidos de prestações pecuniárias. Quanto àquela, desnecessária no caso em tela, pois as certidões de tempo de serviço do autor, conforme devidamente argumentado, já seguem as exigências do Acordo para terem eficácia probatória. No que tange à segunda solicitação, esta é de grande importância no caso em tela, pois determina o limite da competente deste juízo.

À fl. 191 dos autos, informa-se que o autor, após preencher os formulários para postular a aposentadoria junto à República Argentina, recebeu carta de exigências daquele país, não tendo, contudo, cumprido o postulado, o que ensejou o arquivamento do feito administrativo. Portanto, cabe ao autor novamente, se assim o desejar, postular junto aos Órgãos de Ligação as eventuais prestações pecuniárias às quais teria direito junto à República Argentina, cumprindo as exigências requeridas, nada cabendo além disso, a este juízo.

Por fim, apenas com o objetivo de responder à questão arguida pelo recorrente-autor, não é o INSS o responsável, desde já, pela concessão integral do benefício. Para tanto, observa-se o art. 11º do Decreto n. 5.722/06:

"Art. 11

1. As Entidades Gestoras dos Estados-Partes pagarão as prestações pecuniárias em moeda de seu próprio país.

2. As Entidades Gestoras dos Estados-Partes estabelecerão mecanismos de transferências de fundos para o pagamento das prestações pecuniárias do trabalhador ou de seus familiares ou assemelhados que residam no território de outro Estado."

É pois, através da "remessa", ou seja, de um mecanismo de envio de recurso para pagamento de benefício brasileiro em país acordante — e vice-versa — que são realizados os pagamentos dos benefícios. Tal remessa, inclusive, é feita mediante instituição bancária, nos termos das informações que a Previdência Social apresente em seu sítio (<http://previdencia.gov.br/conteudoDinamico.php?id=567>, acesso em 29-06-09). Não cabe, pois, ao RGPS pagar compensação previdenciária referente a períodos de contribuições que forem efetuados para a Previdência de outro Estado (§ 2º do art. 550º da Instrução Normativa n. 20 de 10-10-2007).

Dos consectários

Correção monetária

As Turmas Previdenciárias desta Corte vêm decidindo pela aplicação do IGP-DI para a atualização dos valores devidos a partir de maio/96, de acordo com o art. 10 da Lei n. 9.711/98, cuja redação é a seguinte:

Art. 10. A partir da referência maio de 1996, o IGP-DI substitui o INPC para os fins previstos no § 6º do art. 20 e no § 2º do art. 21, ambos da Lei n. 8.880, de 27 de maio de 1994.

Segue a redação dos §§ 5º e 6º do art. 20 da Lei n. 8.880/94:

Art. 20...

§ 5º Os valores das parcelas referentes a benefícios pagos com atraso pela Previdência Social, por sua responsabilidade, serão corrigidos monetariamente pelos índices previstos no art. 41º, § 7º,

da Lei n. 8.213/91, com as alterações da Lei n. 8.542, de 23 de dezembro de 1992, até o mês de fevereiro de 1994, e convertidos em URV, pelo valor em Cruzeiros Reais do equivalente em URV no dia 28 de fevereiro de 1994.

§ 6º A partir da primeira emissão do Real, os valores mencionados no parágrafo anterior serão corrigidos monetariamente pela variação acumulada do IPC-r entre o mês da competência a que se refiram e o mês imediatamente anterior à competência em que for incluído o pagamento.

O art. 10º da Lei n. 9.711/98 continua vigente e deve ser aplicado.

É verdade que a partir do advento da Lei n. 10.741, de 1º/10/2003 (Estatuto do Idoso), surgiram algumas interpretações no sentido de que alterada a sistemática de apuração da correção monetária, por força do disposto no art. 31 do referido Diploma, o qual tem a seguinte redação:

Art. 31. O pagamento de parcelas relativas a benefícios, efetuado com atraso por responsabilidade da Previdência Social, será atualizado pelo mesmo índice utilizado para os reajustamentos dos benefícios do Regime Geral de Previdência Social, verificado no período compreendido entre o mês que deveria ter sido pago e o mês do efetivo pagamento.

Não se pode perder de vista, todavia, que o art. 31 da Lei n. 10.741/2003 determinou a utilização do mesmo índice empregado para o reajustamento dos benefícios previdenciários, quando se sabe que os reajustes, até 2006, foram fixados de forma aleatória, por ato do Poder Executivo, já que não havia índice definido em lei. Não fosse isso, a atualização monetária de valores em atraso deve ser apurada mês a mês, e o índice de reajuste dos benefícios previdenciários definido administrativamente somente era conhecido no mês do reajuste anual.

É certo que a Lei n. 11.430, de 26/12/06, introduziu na Lei n. 8.213/91 o art. 41-A, cujo *"caput"* tem a seguinte redação:

Art. 41-A. O valor dos benefícios em manutenção será reajustado, anualmente, na mesma data do reajuste do salário-mínimo, pro rata, de acordo com suas respectivas datas de início ou do último reajustamento, com base no Índice Nacional de Preços ao Consumidor — INPC, apurado pela Fundação Instituto Brasileiro de Geografia e Estatística — IBGE.

Assim, a partir da vigência da Lei n. 11.430/06, já havia índice previsto em lei, apurado com periodicidade mensal, de modo a, em tese, viabilizar a aplicação do art. 31º da Lei n. 10.741/03.

Ocorre que a Lei n. 10.741/03, como está claro em sua ementa, dispõe sobre o Estatuto do Idoso, ou seja, a pessoa com idade igual ou superior a 60 (sessenta) anos (art. 1º da Lei n. 10.741/03).

Parece claro, portanto, que o art. 31 da Lei n. 10.741/03, ao definir o índice de correção monetária para atualização de débitos previdenciários, fê-lo apenas em relação às pessoas abrangidas pelo referido Diploma, ou seja, os idosos. Aos segurados que não são idosos, não se cogita de utilização do INPC como índice de correção monetária a partir do advento da Lei n. 11.430/06, pois aplicável a regra geral, ainda vigente, prevista no art. 10 da Lei n. 9.711/98.

Juros de mora

Os juros moratórios devem ser mantidos à taxa de 1% ao mês, a contar da citação, por se tratar de verba de caráter alimentar, na forma dos Enunciados das Súmulas n. 204 do STJ e 03 do TRF da 4ª Região e precedentes do Superior Tribunal de Justiça (ERESP n. 207992/CE, Relator Ministro Jorge Scartezzini, DJU de 04-02-2002, seção I, p. 287).

Honorários advocatícios

Os honorários advocatícios restam fixados em 10% e devem incidir tão-somente sobre as parcelas vencidas até a data da prolação do acórdão, consoante a Súmula n. 76 deste TRF, excluídas as parcelas vincendas, na forma da Súmula n. 111 do STJ, conforme entendimento pacificado na Seção Previdenciária deste Tribunal (Embargos Infringentes em AC n. 2000.70.08.000414-5, Relatora Desembargadora Federal Virgínia Scheibe, DJU de 17-05-2002, p. 478-498) e no Superior Tribunal de Justiça (ERESP n. 202291/SP, 3ª Seção, Relator Ministro Hamilton Carvalhido, DJU de 11-09-2000, Seção I, p. 220). Cada parte arcará com metade dos honorários, sendo eles compensáveis, nos termos da Súmula 306 do STJ.

Custas

No Foro Federal, é a Autarquia isenta do pagamento de custas processuais, a teor do disposto no art. 4º da Lei n. 9.289, de 04-07-1996, devendo apenas reembolsar metade das custas adiantadas pela parte autora, que não é beneficiário da Gratuidade Judiciária.

Tutela específica

De resto, com base nos arts. 475-I, *caput*, e 461 do código de processo civil e na orientação da 3ª Seção deste Tribunal (vide Questão de Ordem na Apelação Cível n. 2002.71.00.050349-7, publicada no Diário Eletrônico de 02-10-2007), e inexistindo embargos infringentes, determino o cumprimento imediato do acórdão, no que respeita à implementação da concessão do benefício a ser feita em até 45 dias após a intimação do INSS, conforme os parâmetros definidos na presente decisão.

Prequestionamento

Tem-se manifestado acerca da matéria incidente no caso, consideram-se prequestionados os arts. aplicados.

Dispositivo

Diante do exposto, voto por **determinar a implantação do benefício, dar parcial provimento ao apelo do autor, parcial provimento ao apelo do INSS e parcial provimento à remessa oficial.**

Desembargador Federal Luís Alberto d'Azevedo Aurvalle

Relator

ACÓRDÃO 4

APELAÇÃO CÍVEL N. 2009.72.99.002600-9/SC

RELATOR:	JUIZ FEDERAL LORACI FLORES DE LIMA
APELANTE:	INSTITUTO NACIONAL DO SEGURO SOCIAL — INSS
ADVOGADO:	Procuradoria-Regional do INSS
APELADO:	NELSI KOCH
ADVOGADO:	Eloa Fatima Daneluz

EMENTA

PREVIDENCIÁRIO E PROCESSUAL CIVIL. APOSENTADORIA POR IDADE RURAL. ECONOMIA FAMILAR. ATIVIDADE EXERCIDA NO PARAGUAI. INVERSÃO DO ÔNUS DE SUCUMBÊNCIA.

1. São requisitos para a concessão do benefício rurícola por idade: a comprovação da qualidade de segurado especial, a idade mínima de 60 anos para o sexo masculino ou 55 anos para o feminino, bem como a carência exigida na data em que implementado o requisito etário, sem necessidade de recolhimento das contribuições (art. 26º, III e 55, §2º da LBPS).

2. Admitem-se como início de prova material do efetivo exercício de atividade rural, em regime de economia familiar, documentos de terceiros, membros do grupo parental (Súmula 149 STJ).

3. A parte autora não faz jus ao benefício de aposentadoria por idade porque, embora tenha implementado o requisito etário, não demonstrou o reconhecimento da atividade rural segundo a Lei vigente no Paraguai, aonde o serviço teria sido prestado. O fato do Brasil não exigir o recolhimento de contribuições para o segurado especial que exerce a atividade rural em regime de economia familiar não impede o Paraguai de o fazê-lo.

4. Tendo em vista a inversão do ônus da sucumbência, deverá a parte autora arcar com as custas processuais e honorários advocatícios ao patrono da parte adversa, fixados em R$ 465,00 (quatrocentos e sessenta e cinco reais).

ACÓRDÃO

Vistos e relatados estes autos em que são partes as acima indicadas, decide a Egrégia Turma Suplementar do Tribunal Regional Federal da 4ª Região, por unanimidade, **dar provimento à apelação e ao agravo retido**, nos termos do relatório, votos e notas taquigráficas que ficam fazendo parte integrante do presente julgado.

Porto Alegre, 12 de janeiro de 2010.

LORACI FLORES DE LIMA

Relator

RELATÓRIO

Nelsi Koch, nascida em 26-02-1948, propôs ação ordinária contra o INSTITUTO NACIONAL DO SEGURO SOCIAL, objetivando a concessão do benefício de aposentadoria rural por idade, por ter exercido atividade rural, em regime de economia familiar, durante o período de carência.

A Autarquia interpôs agravo retido, alegando impedimento da testemunha Carmelinda Silvestri (fl. 148).

A sentença julgou procedente o pedido, condenando o INSS a conceder o benefício de aposentadoria rural por idade, a partir do requerimento administrativo (16-04-2008). Determinou o pagamento das parcelas vencidas, corrigidas monetariamente pelo IGP-DI e acrescidas de juros moratórios de 12% ao ano, a contar da citação. Condenou ao pagamento das custas processuais, por metade, e dos honorários advocatícios, fixados em 10% sobre o valor das prestações vencidas até a data da sentença. Não foi interposta remessa oficial.

Apelou o INSS, alegando, em síntese, a não comprovação por parte da autora do efetivo exercício de atividade rural em regime de economia familiar. Requereu ainda o julgamento do agravo retido, e, caso mantida a sentença, requereu a reforma dos honorários advocatícios e o prequestionamento da matéria.

Apresentadas as contrarrazões, subiram os autos a este Tribunal.

É o relatório.

À revisão.

LORACI FLORES DE LIMA

Relator

VOTO

Do agravo retido

Conheço do agravo retido, porquanto reiterado pelo INSS em seu apelo.

Alegou o INSS, preliminarmente, a existência de impedimento legal da testemunha Carmelinda Silvestri nos autos, com fundamento no art. 405 §2º do Código de Processo Civil, porquanto o filho da mesma é casado com a filha da apelada. Levantou questão de ordem na audiência de instrução de julgamento, solicitando que fosse revogado o compromisso de dizer a verdade outorgado à depoente.

O Juízo *a quo* rejeitou a questão de ordem, entendendo que o vínculo entre a depoente e a autora não demonstra que ela possua qualquer interesse no resultado do julgamento e na eventual procedência do pedido.

Analisando o disposto no art. 405, § 2º, inciso I, do Código de Processo Civil, verifica-se:

Art. 405. Podem depor como testemunhas todas as pessoas, exceto as incapazes, impedidas ou suspeitas.

[...]

§ 2º São impedidos:

I — o cônjuge, bem como o ascendente e o descendente em qualquer grau, ou colateral, até o terceiro grau, de alguma das partes, por consanguinidade ou afinidade, salvo se o exigir o interesse público, ou, tratando-se de causa relativa ao estado da pessoa, não se puder obter de outro modo a prova, que o juiz repute necessária ao julgamento do mérito

[...]

Tenho que assiste razão ao INSS quanto à existência de impedimento da testemunha Carmelinda Silvestri, pelo grau de afinidade da mesma com a autora. Sendo assim deve ser qualificada a referida como "informante" na presente ação, revogado o seu compromisso de dizer a verdade.

Pelo exposto, tenho que deve ser dado provimento ao agravo retido.

Da remessa oficial

O §2º do art. 475 do CPC, incluído pela Lei n. 10.352/01, orienta no sentido de que não se aplique o disposto no art. 475 apenas quando a condenação ou o direito controvertido for de valor certo não excedente a 60 salários-mínimos.

No caso dos autos, a sentença, proferida em 01-07-2009, reconheceu o direito à concessão do benefício a partir de 16-04-2008 (DER), o que equivale a aproximadamente 18 prestações vencidas, no valor de um salário-mínimo da época em que deveriam ter sido pagas, incluída a gratificação natalina. Verifica-se, portanto, que o valor da condenação não ultrapassa o limite de 60 salários-mínimos, razão pela qual correto o juízo *a quo* ao não interpor a remessa oficial.

Requisitos para a aposentadoria por idade

Aos trabalhadores rurais, filiados à Previdência à época da edição da Lei n. 8.213/91, que requererem aposentadoria por idade no prazo de até quinze anos após a sua vigência (ou seja, até 24-07-2006), não se lhes aplica o disposto no art. 25, II, mas a regra de transição prevista no art. 143, ambos da Lei de Benefícios.

Consoante o disposto no art. 2º da Lei n. 11.718/08, para o trabalhador rural empregado, tal prazo se estende até o dia 31 de dezembro de 2010. Da mesma forma, se estende ao trabalhador rural enquadrado na categoria de segurado contribuinte individual que presta serviços de natureza rural, em caráter eventual, a uma ou mais empresas, sem relação de emprego.

Os requisitos para a aposentadoria por idade dos trabalhadores rurais filiados à Previdência à época da edição da Lei n. 8.213/91 são, pois, os seguintes:

A) idade mínima de 60 anos para o homem e de 55 anos para a mulher (Lei n. 8.213, art. 48, § 1º);

B) efetivo exercício de atividade rural, ainda que de forma descontínua, por tempo igual ao período correspondente à carência do benefício (Lei n. 8.213, art. 143). A concessão do benefício independe, pois, de recolhimento de contribuições previdenciárias.

Para a verificação do tempo que é necessário comprovar como de efetivo exercício do labor rural, considera-se a tabela constante do art. 142 da Lei de Benefícios, levando-se em conta o ano em que o segurado implementou as condições necessárias para a obtenção da aposentadoria, ou seja, idade mínima e tempo de trabalho rural.

Na aplicação dos arts. 142 e 143 da Lei de Benefícios, deve-se atentar para os seguintes pontos: a) ano-base para a averiguação do tempo rural; b) termo inicial do período de trabalho rural correspondente à carência; c) termo inicial do direito ao benefício.

No mais das vezes, o ano-base para a constatação do tempo de serviço necessário será o ano em que o segurado completou a idade mínima, desde que até então já disponha de tempo rural suficiente para o deferimento do benefício. Em tais casos, o termo inicial do período a ser considerado como de efetivo exercício de labor rural, a ser contado retroativamente, é justamente a data do implemento do requisito etário, mesmo se o requerimento administrativo ocorrer em anos posteriores, em homenagem ao princípio do direito adquirido (Constituição Federal, art. 5º, XXXVI; Lei de Benefícios, art. 102, §1º).

Nada obsta, entretanto, que o segurado, completando a idade necessária, permaneça exercendo atividade agrícola até a ocasião em que implementar o número de meses suficientes para a concessão do benefício, caso em que tanto o ano-base para a verificação do tempo rural quanto o início de tal período de trabalho, sempre contado retroativamente, será justamente a data da implementação do tempo equivalente à carência.

No caso em que o requerimento administrativo e o implemento da idade mínima tenham ocorrido antes de 31.08.1994 (data da publicação da Medida Provisória n. 598, que introduziu alterações na redação original do art. 143 da Lei de Benefícios, sucessivamente reeditada e posteriormente convertida na Lei n. 9.063/95), o segurado deve comprovar o exercício de atividade rural, anterior ao requerimento, por um período de 5 anos (60 meses), não se aplicando a tabela do art. 142 da Lei n. 8.213/91.

A disposição contida no art. 143 da Lei n. 8.213, no sentido de que o exercício da atividade rural deve ser comprovado no período imediatamente anterior ao requerimento do benefício, deve ser interpretada em favor do segurado. Ou seja, tal regra atende àquelas situações em que ao segurado é mais fácil ou conveniente a comprovação do exercício do labor rural no período imediatamente anterior ao requerimento administrativo, mas sua aplicação deve ser temperada em função do disposto no art. 102, § 1º, da Lei de Benefícios e, principalmente, em atenção ao princípio do direito adquirido, como visto acima.

Em qualquer caso, o benefício de aposentadoria por idade rural será devido a partir da data do requerimento administrativo ou, inexistente este, da data do ajuizamento da ação (STJ, REsp n. 544.327-SP, Rel. Ministra Laurita Vaz, Quinta Turma, unânime, DJ de 17-11-2003; STJ, REsp. n. 338.435-SP, Rel. Ministro Vicente Leal, Sexta Turma, unânime, DJ de 28-10-2002; STJ, REsp n. 225.719-SP, Rel. Ministro Hamilton Carvalhido, Sexta Turma, unânime, DJ de 29.05.2000).

Comprovação do tempo de atividade rural

O tempo de serviço rural pode ser comprovado mediante a produção de prova material suficiente, ainda que inicial, complementada por prova testemunhal idônea — quando necessária ao preenchimento de eventuais lacunas — não sendo esta admitida exclusivamente, a teor do art. 55º, § 3º, da Lei n. 8.213/91, e Súmula 149 do STJ, à exceção dos trabalhadores rurais boias-frias. Embora o art. 106º da Lei de Benefícios relacione os documentos aptos a essa comprovação, tal rol não é exaustivo, sendo certa a possibilidade de alternância das provas ali referidas. Não se exige prova plena da atividade rural de todo o período correspondente à carência, de forma a inviabilizar a pretensão, mas um início de documentação que, juntamente com a prova oral, possibilite um juízo de valor seguro acerca dos fatos que se pretende comprovar.

Do caso em apreço

No intuito de comprovar o efetivo trabalho rural, tanto no exterior como em território brasileiro, a autora trouxe aos autos, entre outros, os seguintes documentos:

a) certidão de casamento da autora em 14-01-1967, na qual seu marido é qualificado como "lavrador" (fl. 17);

b) certidão de nascimento de Vaine Mariza Koch, filha da autora, constando a profissão do marido da autora como "agricultor", datada de 08-08-1969 (fl. 18);

c) certidão de nascimento de Roselene Edla Koch, filha da autora, constando a profissão do marido da autora como "lavrador", datada de 28-05-1971 (fls. 19);

d) notas fiscais de produtor rural emitidas em nome da autora pela Cooperativa Agrícola Rondon, referentes aos anos de 1974, 1975 e 1976 (fls. 20-27);

e) notas fiscais de produtor rural em nome do marido da autora, referentes ao ano de 1976 (fls. 28-29).

f) notas fiscais de produtor rural em nome da autora juntamente com seu marido, referentes aos anos de 2004, 2006 e 2007 (fls. 40-44)

g) Comprovante de Venda de Mercadorias, referente à soja comercializada pelo marido da autora quando residiam no Paraguai, nos anos de 1999-2000 (fl. 33);

O problema que surge na hipótese dos autos é que a autora, por quase trinta anos, entre 1977 e 2006, teria residido no Paraguai, aonde ela e o marido tinham uma propriedade em que plantavam soja e outros cultivos. Isso se vê, com bastante clareza, dos depoimentos das fls. 148 a 150 e, de resto, pelos documentos das fls. 97 a 106.

Na prática, então, considerando como carência o período de 132 meses anteriores à data do implemento do requisito etário, em 26-02-2003 (porquanto nascida em 26-02-1948), ou seja, no período de 1991 à 2003, resulta que a autora quer uma aposentadoria por idade, como segurada especial, considerando exclusivamente o período em que residiu e trabalhou noutro País.

Essa situação, tenho eu, não autoriza a concessão do benefício reclamado neste feito. Primeiro, não se pode olvidar que o Regime de Previdência Social de que trata a LBPS não favorece os brasileiros que exercem suas atividades no Exterior, pois do contrário todo brasileiro — e são milhares — que reside e trabalha noutro País teria direito de reclamar benefícios junto ao INSS. A exceção que se verifica é por conta das hipóteses previstas expressamente no art. 11º, alíneas "c", "e" e "f" da Lei n. 8.213/91.

Fora isso, é preciso considerar que a possibilidade de reconhecimento de trabalho para fins de benefício previdenciário realizado nos países do MERCOSUL, regulada pelo acordo multilateral de Seguridade Social do Mercado Comum do Sul e seu Regulamento Administrativo, de 15 de dezembro de 1997, internalizado pelo Decreto n. 5.722 de 13 de março 2006, trata de garantir aos brasileiros que trabalham nos Países signitários daquele Acordo a mesma proteção que é assegurada aos cidadãos daquele País, ou seja, o brasileiro que trabalha no Paraguai, *e.g.*, vai ter direito, por conta daquela norma, de perceber os benefícios que a legislação previdenciária Paraguaia assegura aos demais trabalhadores que têm aquela nacionalidade. Por outro lado, se o trabalhador quer pleitear o benefício aqui no Brasil, o aproveitamento do serviço prestado naquele País somente é possível na forma em que prevista no parágrafo 3º do art. 7º do Regulamento, ou seja, é preciso que o Estado no qual foi prestado o serviço reconheça, em face da sua legislação, quais os *"períodos de seguro ou contribuição creditados ao trabalhador sob sua própria legislação"* (art. 10º, parágrafo 1º, "a", do Regulamento.).

A rigor, o fato do Brasil não exigir o recolhimento de contribuições para o segurado especial que exerce a atividade rural em regime de economia familiar não impede o Paraguai de fazê-lo, até porque, segundo o art. 4º do Decreto 5.722/06, é a legislação do Estado-Parte em cujo território a atividade foi prestada que regula os benefícios decorrentes do exercício daquela atividade.

No caso, não havendo manifestação do Organismo de Ligação do Paraguai, não há como conceder o benefício simplesmente reconhecendo o trabalho que a autora teria prestado naquele País.

Custas e honorários advocatícios

Tendo em vista a inversão do ônus da sucumbência, deverá a parte autora arcar com as custas processuais e honorários advocatícios ao patrono da parte adversa, fixados em R$ 465,00 (quatrocentos e sessenta e cinco reais). Suspensa a exigibilidade dos mesmos em face da concessão de AJG.

Dispositivo

Diante do exposto, voto por **dar provimento à apelação e ao agravo retido.**

LORACI FLORES DE LIMA

Relator

ANEXO 4

Formulários de Solicitação, Deslocamento Temporário e Prorrogação do Deslocamento Temporário

Mer-Solicitud 01

Acuerdo Multilateral de Seguridad Social del Mercosur
Acordo Multilateral de Seguridade Social do Mercosul

Formulario de Solicitud
Formulário de Solicitação

Fecha de Solicitud / Data da Solicitação
__ / __ / __

Número de Expediente	
Uruguay	
Paraguay	
Argentina	
Brasil	

Pensión por Vejez/Jubilación Ordinaria/Extraordinario/ Aposentadoria por Idade	
Jubilación por Edad Avanzada — Aposentadoria Compulsória	
Prestación/Jubilación por Invalidez/Aposentadoria por Invalidez	
Incapacidad Temporaria/Temporal/Auxílio-doença	
Pensión de Muerte/Sobreviviente/Fallecimiento/Derechohabiente Pensão por Morte	
Períodos Contributivos/Reconocimiento de Servicios/Estados de Cuenta — Período Contributivo	

1 — Organismo de Enlace Destinatario / Organismo de Ligação de Destino

Tildar / Marcar	País	Nombre del Organismo / Nome do Organismo
	Argentina	ANSES
	Brasil	INSS
	Paraguay	IPS
	Uruguay	BPS

2 — Datos Relativos al Asegurado / Dados Relativos ao Segurado

Apelido Paterno / Sobrenome Paterno		Apelido Materno / Sobrenome Materno		Nombres / Nomes	
Nombre del Padre / Nome do Pai			Nombre de la Madre / Nome da Mãe		
Lugar de Nacimiento: Localidad / Localidade Lugar de Nascimento:			Estado / Provincia / Departamento		País
Fecha / Data: __/__/____		Sexo	M ☐	F ☐	
Nacionalidad / Nacionalidade:					
Estado Civil**:	Solteiro ☐	Casado ☐	Viudo ☐	Divorciado ☐	Separado de Hecho ☐
Tipo de Certificado: Tipo de Certidão:	Tomo: Cartório:	Libro: Livro	Folio: Folha:	Fecha de Expedición: Data de Expedição:	N. do Docum.: N. do Ducum.:
Tipo de Documento	Fecha de Expedición Data de Expedição	Número	País de Expedición/ Expedição	Apellido y Nombre Completo como figura en del Docum. Nome e Sobrenome Completo como está no Docum.	
			Argentina*		
			Brasil***		
			Paraguay		
			Uruguay		
N. de Afiliación o Seguro / N. de Inscrição*	Uruguay: Argentina:			Paraguay: Brasil:	
Fecha de llegada al país de ocupación / Data de chegada ao país de ocupação __/__/____					
Dirección / Endereço:					
Calle / Rua:	Provincia / Estado / Departamento:			País:	
N. de Teléfono / Telefone:		Correo Electrónico / E-mail:			
Otros países donde el solicitante haya trabajado fuera del Mercosur / Outros países onde o solicitante tenha trabalhado fora do Mercosul					

* Para Argentina completar CUIL / CUIT

3 — Completar en Caso de Pensión por Fallecimiento de un Asegurado / Informar em Caso de Pensão por Morte do Segurado

Fecha de Fallecimiento / Data do Óbito ___/___/_____			Lugar de Fallecimiento / Lugar do Óbito (Localidad y País)	
N. da Certidão de Óbito: N. de Certificado de Defunción:	Cartório: Tomo:	Livro: Libro:	Folha: Folio:	Data de Expedição: Fecha de Expedición:
Causa del Fallecimiento / Causa do Óbito				
	Enfermedad Común / Doença Comum	Accidente de Trabajo / Acidente de Trabalho	Enfemedad Profesional / Doença Profissional	Accidente no Laboral / Acidente de Qualquer Natureza
	Era titular de una Prestación o Beneficio / Era Titular de um Benefício			
	Habia Solicitado una Prestación o Beneficio / Havia Solicitado um Benefício			
Tipo de Prestación o Beneficio / Tipo de Benefício:				
Entidad Otorgante / Entidade Concessora:				
País:				
N. de Identificación de la Prestación o Solicitud / N. de Identificação do Benefício:				
Fecha de Cobro Inicial / Data do Início do Benefício: ___/___/_____				
Última Cuantia Mensual (Monto y Fecha) / Última Mensalidade Recebida (Valor e Competência):				

4 — Datos Relativos al Solicitante en Caso de Supervivencia — Pensión Derecho Habiente / Dados Relativos ao Solicitante em Caso de Pensão por Morte

Tipo de Documento	Fecha de Expedición Data de Expedição	Número	País de Expedición/ Expedição	Apellido y Nombre Completo como figura en el Documento Nome e Sobrenome Completo como está no Documento
			Argentina*	
			Brasil***	
			Paraguay**	
			Uruguay	

Apellido Paterno / Sobrenome Paterno	Apellido Materno / Sobrenome Materno	Nombres / Nomes

Nombre del Padre / Nome do Pai	Nombre de la Madre / Nome da Mãe

Lugar de Nascimiento Lugar de Nascimento	Localidad / Localidade	Estado/Província/Departamento	País

Fecha / Data ___/___/___		Sexo	M ☐	F ☐		
Nacionalidad / Nacionalidade:						
Estado Civil**:	Soltero ☐	Casado ☐	Viudo ☐	Divorciado ☐		Separado de Hecho ☐
Tipo de Certificado: Tipo de Certidão:	Tomo: Cartório:	Libro: Livro:	Folio: Folha	Fecha de Expedición: Data de Expedição:		N. de Docum.: N. do Docum.:

N. de Afiliación o Seguro / N. de Inscrição*	Uruguay:	Paraguay:
	Argentina:	Brasil:

Parentesco con el Asegurado / Parentesco com o Segurado:		
Fecha de Matrimonio / Data de Casamento: ___/___/_____	Estado/Província/Departamento	País:
Fecha de Llegada al País de Ocupación / Data de Chegada ao País de Ocupação: ___/___/_____		
Dirección / Endereço:		
Calle / Rua:	N.	Piso / Depto.:	Localidad / Localidade:
CP/CEP:	Província / Estado:		País:
N. de Teléfono / Telefone:		Correo Electrónico / E-mail:	

* En caso de Cédula de Identidad indicar Provincia Emisora / Em caso de cédula de identidade indicar Órgão Emissor
** Presentar documentación acreditante. en caso de conviviencia o concubinato acreditando conforme a la legislación local / Apresentar documentação comprobatória. Em caso de convivência ou concubinato, comprovar conforme legislação local
*** Presentar documentación acreditante, como CPF, RG y/o CTPS / Apresentar documentação comprobatória, com CPF, RG e CTPS

5. Datos Relativos al Apoderado o Representante Legal para Tramitar (si corresponde) /
Dados Relativos a Procurador ou Representante Legal (se corresponder)

Apellido Paterno / Sobrenome Paterno	Apellido materno / Sobrenome materno	Nombres / Nomes

Dirección / Endereço:						
Calle / Rua:			N.	Piso / Depto:		Localidad / Localidade:
CPF/CEP:	Província / Estado / Departameno				Pais:	
N. do Teléfono / Telefone:						

Tipo de Documento	Fecha de Expedición Data de Expedição	Número	País de Expedición / Expedição	Apellido y Nombre Completo como figura en el Docum. Nome e Sobrenome Completo como está no Docum.
			Argentina*	
			Brasil*	
			Paraguay*	
			Uruguay*	

* En caso de Cédula de Identidad indicar Província Emisora.
** Presentear documentación acreditante. En caso de conviviencia o concubinato acreditario conforme a la legislación local.
*** Presentear documentación acreditante, como CPF, RG y/o CTPS.

6. Declaración de Actividades:

Empresa	N. de Afiliación Inscripción	Dirección Endereço	País	Actividad/ Atividade	Períodos		Entidad Gestora Denominación / Entidade Gestora Denominação
					Desde	Hasta / Até	
					_/_/_	_/_/_	
					_/_/_	_/_/_	
					_/_/_	_/_/_	
					_/_/_	_/_/_	
					_/_/_	_/_/_	
					_/_/_	_/_/_	
					_/_/_	_/_/_	
					_/_/_	_/_/_	
					_/_/_	_/_/_	

Outros Países donde el solicitante haya trabajado fuera del MERCOSUR ((*) ver quadro en Aclaraciones) / Outros países onde o solicitante tenha trabalhado fora do Mercosul((*) ver a tabela de Esclarecimentos)

7. Datos Realtivos a una Prestacíon por Invalidez / Dados Relativos a Benefício por Incapacidade:
SE DEBERÁ LLENAR EL ANEXO MER — INVALIDEZ / DEVERÁ SER ANEXADO O FORMULÁRIO MER-INVALIDEZ

8. Dados Relativos a los Familiares y Asimilados del Asegurado /
Dados Relativos aos Familiares e Assemelhados do Segurado

Apellidos/ Sobrenomes	Nombres/ Nomes	Fecha y Lug. de Nacim./ Data e Loc. de Nascim.	Doc.: Tipo y N. Pais Emis	Depende Económ. Depend. Económ.	Parentesco	Incapacidade	Convivenc. c/el Aseg.* Reside c/o Asegur.*	Escolaridad Escolaridade
		_/_/_						
		_/_/_						
		_/_/_						
		_/_/_						
		_/_/_						
		_/_/_						
		_/_/_						
		_/_/_						
		_/_/_						

* En caso negativo indicar pais de residencia / Em caso negativo indicar país de residência.
Fecha / Data: _/_/_

_____
Firma del Solicitante/Assinatura do Solicitante

_____
Firma y Sello el Funcionario Operativo /
Assinatura e Carimbo do Funcionário Responsável

A Preencher para Efeitos da Legislação Brasileira em Caso de Pensão por Morte

No caso de benefício da legislação brasileira, pensão por morte assinar o seguinte termo de responsabilidade:

Pelo presente Termo de Responsabilidade declaro estar ciente de que a ocorrência de óbito ou emancipação de dependentes deverá ser comunicada ao INSS no prazo de 30 (trinta) dias, a contar da data em que o mesmo ocorrer, mediante apresentação da respectiva certidão. A falta do cumprimento do compromisso ora assumido ou de qualquer declaração falsa, além de obrigar a devolução de importâncias recebidas indevidamente, quando for o caso, sujeitar-me-ei às penalidades previstas no art. 171 e 299 do Código Penal.

Local e Data: _____, ____/____/_____ Assinatura: _____

Aclaraciones Conforme a ala Legislación Brasilera

Indicar Documentos que Demuestran la Dependencia.

1 — Dependientes preferenciales:
    a) Cónyuge e Hijos — Certificados de casamiento y de nacimiento.
    b) Compañera o Compañero — Documento de identidad y certificado de casamiento con fecha de separación judicial o divorcio, en el caso de que uno o los dos compañeros se hubieran casado o fallecido, si fuese el caso.
    c) Hijo o Menor a Cargo — Certificado judicial y, mediante declaración del asegurado, tratándose de hijastro, certificado de casamiento del asegurado y de nacimiento del dependiente.

11 — País — Certificado de nacimiento del asegurado y documentos de identidad de los mismos.

111 — Hermano — Certificado de nacimiento.

- 1º La inscripción de los dependientes mencionados en el punto "a" del inciso 1 será efectuada en la empresa si el asegurado fuese empleado, en el sindicato u órgano gestor de mano de obra, trabajador independiente, y en el Instituto Nacional del Seguro Social — INSS, en los demás casos.
- 1º Incumbe al asegurado la inscripción del dependiente, que debe ser hecha, cuando fuera posible, en el momento de la inscripción.
- 1º Para la comprobación del vínculo y de la dependencia económica, conforme al caso, deben ser presentados un mínimo de tres de los siguientes documentos:

a) Certificado de nacimiento del hijo en común;
b) Certificado de casamiento religioso;
c) Declaración del impuesto a la renta del asegurado, donde conste el interesado con sus dependientes;
d) Disposición testamentaría;
e) Anotación en la Cartera Profesional — CP y/o en la Cartera de Trabajo y Previdencia Social — CTPS, hecha por el órgano competente;
f) Declaración especial hacha ante notario;
g) Prueba de domicilio en común;
h) Prueba doméstica evidente y existencia de sociedad o comunión en los actos de la vida civil;
i) Procuración o fianza recíprocamente otorgada;
j) Cuenta bancaria conjunta;
k) Registro en asociación de cualquier naturaleza, donde conste el interesado como dependiente del asegurado;
l) Anotación continua de ficha o libro de registro de empleados;
m) Póliza de seguro donde conste el asegurado como titular del seguro y la persona interesada como su beneficiaria;
n) Ficha de tratamiento en institución de asistencia médica, donde conste el asegurado como titular del seguro y la persona interesada como su beneficiaria
o) Escritura de compra y venta de inmuebles por el asegurado en nombre del dependiente;
p) Declaración de no-emancipación del dependiente menor de 21 años;
q) Cualquier documento que pueda dar fe del hecho a comprobar.

Obs.: La validación de la informaciones catastrales por la unidad competente en el campo _____ dispensará el envio de las copias de los documentos probatorios.

(X) Países que tienen Convenio con los Estados Parte del MERCOSUR

	Argentina	Brasil	Paraguay	Uruguay
Bolivia				X
Cabo Verde		X		
Canadá				X
Colombia				X
Costa Rica				X
Chile	X	X		X
Ecuador				X
España	X	X	X	X
EE. UU.				X
Grecia	X	X		X
Italia	X	X		X
Israel				X
Portugal	X	X		X
Suiza				X
Venezuela				X
Luxemburgo		X		

Form.OP.2.74
Esclarecimentos de Acordo com a Legislação do Brasil

Indicar Documentos que Provem a Dependência.
1 — Dependentes preferenciais:
   a) Cônjuge e Filhos — Certidões de casamento e de nascimento.
   b) Companheira ou Companheiro — Documento de identidade e certidão de casamento com averbação de separação judicial ou divórcio, quando um dos companheiros ou ambos já tiverem sido casados ou óbito, se for o caso.
   c) Equiparado a filho — Certidão judicial e, mediante declaração do segurado, em se tratando de enteado, certidão de casamento do segurado e de nascimento do dependente.
11 — País — Certidão de nascimento do segurado e documentos de identidade dos mesmos.
111 — Irmão — Certidão de nascimento.
- 1º A inscrição dos dependentes de que trata a alínea "a" do inciso 1 será efetuada na empresa se o segurado for empregado, no sindicato ou órgão gestor de mão de obra, se trabalhador avulso, e no Instituto Nacional do Seguro Social — INSS, nos demais casos.
- 1º Incumbe ao segurado a inscrição do dependente, que deve ser feita, quando possível, no ato de sua inscrição.
- 1º Para comprovação do vínculo e da dependência econômica, conforme o caso, devem ser apresentados no mínimo três dos seguintes documentos:
   a) Certidão de nascimento de filho em comum;
   b) Certidão de casamento religioso;
   c) Declaração do imposto de renda do segurado, em que conste o interessado como seu dependente;
   d) Disposição testamentária;
   e) Anotação constante na Carteira Profissional — CP e/ou na Carteira de Trabalho e Previdência Social — CTPS, feita peol órgão competente;
   f) Declaração especial feita perante tabelião;
   g) Prova de mesmo domicílio;
   h) Prova de encargo domésticos evidentes e existência de sociedade ou comunhão nos atos da vida civil;
   i) Procuração ou fiança reciprocamente outorgada;
   j) Conta bancária conjunta;
   k) Registro em associação em qualquer natureza, onde conste o interessado como dependente do segurado;
   l) Anotação constante de ficha ou livro de registro dos empregados;
   m) Apólice de seguro da qual consta o segurado como instituidor do seguro e a pessoa interessada como sua beneficiária;
   n) Fixa de tratamento em instituição de assistência médica, da qual conste o segurado como responsável;
   o) Escritura de compra e venda de imóveis pelo segurado em nome do dependente;
   p) Declaração de não emancipação do dependente menor de 21 anos;
   q) Quaisquer outros que possam levar à convicção do fato a comprovar.

Obs.: A validação das informações cadastrais pela unidade competente no campo _____ dispensará o envio das copias dos documentos comprobatórios.

(X) Países que têm acordo com os Estados Parte do MERCOSUL:

	Argentina	Brasil	Paraguay	Uruguay
Bolívia				X
Cabo Verde		X		
Canadá				X
Colombia				X
Costa Rica				X
Chile	X	X		X
Equador				X
Espanha	X	X	X	X
EE. UU.				X
Grécia	X	X		X
Itália	X	X		X
Israel				X
Portugal	X	X		X
Suiça				X
Venezuela				X
Luxemburgo		X		

9 — Organismo de Enlace Remitente / Organismo de Ligação Remetente:

Denominación / Nome do Organismo
Dirección / Endereço
N. de Teléfono / Telefone:	Correo Electrónico / e-mail:

Fecha / Data: ____/____/_____

Firma/Assinatura y Sello / Carimbo del Organismo de Enlace/Ligação

A cumplimentar por el Organismo de enlace del país de Destino / A completar pelo Organismo de Ligação do país de destino

4 — El Organismo de Enlace del País de Destino / Organismo de Ligação do País de Destino

Denominación / Denominação: _____

Dirección / Endereço: _____

Declara:

☐ Estar de Acuerdo / Estar de Acordo   ☐ No Estar de Acuerdo / Não Estar de Acordo

En que el trabajador precedentemente nombrado siga sujeto a la legislación de la Seguridad Social / Que o trabalhador anteriormente citado continue sujeito à legislação de

☐ Argentina   ☐ Brasil   ☐ Paraguay   ☐ Uruguay

Durante el período del / durante o período de_____ al / a _____

Lugar y Fecha / Local e Data: _____

Sello/Carimbo   Firma/Assinatura

Instrucciones / Instruções:

El formulario deberá cumplimentarse por la empresa, por quintuplicado y cada ejemplar deberá completarse en caracteres de imprenta.

Una vez cumplimentado por la empresa será presenteado ante el Organismo de Enlace donde la misma tiene su sede, con 30 días de antelación mínima al vencimiento del traslado autorizado.

O formulário deverá ser preenchido pela empresa em cinco vias e cada via deverá ser preenchida em letra de forma.

Uma vez preenchido pela empresa será apresenteado junto ao Organismo de Ligação de onde a mesma tem sua sede, com no mínimo 30 dias de antecedência do vencimento do deslocamento inicial autorizado.

Mer-Traslado 03

Acuerdo Multilateral de Seguridad Social del Mercosur
Acordo Multilateral de Seguridade Social do Mercosul

Certificado de Traslado Temporario
Certificado de Deslocamento Temporário

Según Artículo 5 del Acuerdo y 3 del Reglamento Administrativo
Segundo Art. 5 do Acordo e 3 do Regulamento Administrativo

Número de Expediente a que Corresponde	
Uruguay	
Paraguay	
Argentina	
Brasil	

1 — Datos Identificativos del Trabajador/Dados de Identificação do Trabalhador

Apellido(s) / Sobrenome(s):* _____

Nombre(s) / Nome(s): _____

Tipo y Número de Documento / Tipo e Número de Documento: _____

Lugar y Fecha de Nacimiento / Local e Data de Nascimento: _____

Nacionalidad / Nacionalidade: _____

Local e Data de Expedição do Documento: _____

Estado Civil: _____

Profesión u Oficio / Profissão: _____

Obra Social: _____

N. de Afiliación / Inscrição: _____

Compañía Aseguradora / Companhia de Seguros: _____

N. de Póliza / Número de Apólice: _____

N. de Seguridad Social / CUIL / Número de Seguro: _____

Dirección en el País de Origen / Endereço no País de Origem: _____

* Cuando se trate de mujer casada deberá también consignar el apellido de soltera / Quando se tratar de mulher casada, constar também o sobrenome de solteira.

Familiares y Asimilados que acompañen al trabajador en el traslado / Dependentes que acompanharão o trabalhador em deslocamento:

Apellido(s) y Nombre(s) Sobrenome(s) e Nome(s)	Fecha de Nacimiento Data de Nascimento	Tipo y N. de Documento	Parentesco

2 — Datos Identificativos de la Empresa del País de Origen / Dados de Identificação do Empregador País de Origem

Nombre o Razón Social / Nome ou Razão Social: _____

N. de Identidicación o Inscripción / CNPJ: _____

Actividad / Atividade Principal: _____

Dirección / Endereço: _____

3 — Datos del Desplazamiento / Dados do Deslocamento

Fecha Inicial del Desplazamiento / Data Inicial de Deslocamento: _____

Período que se solicita desde: ___/___/_____ hasta / até ___/___/_____

El trabajador va a ejercer la actividad profesional en la siguiente empresa / Dados da Empresa Recebedora

Nombre o Razón Social / Nome ou Razão Social: _____

N. de Identificación o Inscripción / CNPJ: _____

Actividad / Atividade Principal: _____

Dirección / Endereço: _____

Lugar y Fecha / Local e Data: _____, ___/___/_____

_____   _____
Sello/Carimbo   Firma/Assinatura

A cumplimentar por el Organismo de Enlace del país de Origem / A completar pelo Organismo de Ligação do país de Origem

4 — El Organismo de Enlace del País a Cuya Legislación está Sometido el Trabajador / Organismo de Ligação do País Cuja Legislação está Sujeito o Trabalhador

Denominación / Denominação: _____

Dirección / Endereço: _____

Declara que el trabajador / Declara que o trabalhador: _____

Permanece sujeito a la legislación del país / Permanece sujeito à legislação do país:

☐ Argentina   ☐ Brasil   ☐ Paraguay   ☐ Uruguay

Em virtud del artículo / Em virtude do artigo: 5 del Acuerdo 3 del Reglamento Administrativo / 5 do Acordo e 3 do Ajuste Administrativo

Durante el período del / durante o período de _____ al / a _____

Lugar y Fecha / Local e Data: _____

Sello/Carimbo   Firma/Assinatura

Instrucciones / Instruções:

El formulario deberá cumplimentarse por la empresa, por quintuplicado y cada ejemplar debe llenarse en caracteres de imprenta.

Deberá ser presenteado ante el Organismo de Enlace del Estado donde la empresa tiene su sede con 30 dias de antelación mínima de la Ocurrencia del hecho generador.
El Organismo de Enlace del país asegurador expedirá los formularios a petición de la empresa, remitiendo al solicitante y otro al Organismo de Enlace del país de empleo.

Indicaciones para la Empresa:
Si el traslado se prolonga mas allá de los doce meses inicialmente previstos, la empresa deberá formular una solicitud de prórroga ante la Entidad Gestora del país asegurador, con treinta dias de antelación a la finalización del período autorizado.

O formulário deverá ser preenchido pela Empresa em cinco (5) vias em letras de imprensa.

Deverá ser apresentado ao Organismo de Ligaçaõ do Estado onde a empresa tem sua sede com 30 dias de antecedência da Ocorrência do fato gerador.
O Organismo de Ligação do país de origem expedirá os formulários a pedido da empresa, remetendo duas vias ao solicitante (um para o trabalhador outro outro para o empregador) e outro ao Organismo de Ligação do país de destino.

Informações para a Empresa:
Se o deslocamento se prolongar além de 12 meses inicialmente previsto a empresa deverá formular uma solicitação de prorrogação junto à Entidade Gestora do país de origem com 30 dias de antecedência ao final do período autorizado.